Laissez parler votre corps

Laissez parler votre corps

La nature essentielle de nos organes

Ewald Kliegel

Illustrations de Anne Heng

Traduit de l'anglais par

Michel Saint-Germain

ADA éditions

Les auteurs de ce livre ne dispensent aucun avis médical ni ne prescrivent l'usage d'aucune technique en guise de traitement médical. Le seul but des auteurs est d'offrir une information générale afin de vous guider dans votre quête de bien-être émotionnel et spirituel. Les auteurs et l'éditeur ne doivent être tenus responsables d'aucune manière que ce soit de tout usage personnel des informations contenues dans ce livre.

Éditeur : François Doucet
Traduction : Michel Saint-Germain
Révision linguistique : Féminin pluriel
Correction d'épreuves : Katherine Lacombe, Nancy Coulombe
Montage de la couverture : Mathieu C. Dandurand
Mise en pages : Mathieu C. Dandurand
ISBN livre : 978-2-89752-309-1
ISBN PDF : 978-2-89752-310-7
ISBN ePub : 978-2-89752-311-4
Première impression : 2015
Dépôt légal : 2015
Bibliothèque et Archives nationales du Québec
Bibliothèque Nationale du Canada

Éditions AdA Inc.
1385, boul. Lionel-Boulet
Varennes, Québec, Canada, J3X 1P7
Téléphone : 450-929-0296
Télécopieur : 450-929-0220
www.ada-inc.com
info@ada-inc.com

Diffusion

Canada :	Éditions AdA Inc.
France :	D.G. Diffusion Z.I. des Bogues 31750 Escalquens — France Téléphone : 05.61.00.09.99
Suisse :	Transat — 23.42.77.40
Belgique :	D.G. Diffusion — 05.61.00.09.99

Imprimé en Chine

Participation de la SODEC.
Nous reconnaissons l'aide financière du gouvernement du Canada par l'entremise du Fonds du livre du Canada (FLC) pour nos activités d'édition.
Gouvernement du Québec — Programme de crédit d'impôt pour l'édition de livres — Gestion SODEC.

Table des matières

Principes essentiels 105

Nous ne sommes pas des êtres humains qui font des expériences spirituelles,
mais des êtres spirituels qui font des expériences humaines.

Willigis Jäger, *Die Welle ist das Meer — Mystische Spiritualität*
(*La vague est la mer — Spiritualité mystique*)

Imaginez…

… que notre corps soit bien différent de ce que nous avons toujours cru. Supposons que la science n'ait de l'humain qu'une connaissance partielle, et que nos organes constituent non seulement des amalgames de cellules, mais aussi des formes de l'âme spirituelle, équipées de structures et de fonctions destinées à soutenir notre existence sur cette planète. Qu'est-ce que cela signifierait pour nous — pour notre conscience, notre corps, notre santé et notre effort en vue de mener une vie satisfaisante ?

Ces questions, lorsqu'on a commencé à les poser, ont mis en lumière des réponses inhabituelles. Étonnamment, on a établi à maintes reprises des parallèles entre les paroles de mystiques de l'histoire, les découvertes de la physique quantique et la communication cellulaire par la lumière. Finalement, on a pris conscience de l'énorme complexité du corps et de l'âme, qu'on ne pourrait plus expliquer ou comprendre d'une manière purement factuelle.

Un autre langage est nécessaire. Nos organes ont refusé d'être représentés comme un ensemble de faits et de fonctions, ou des porteurs de problèmes; ils voulaient être perçus en tant qu'éléments de base, spirituels et physiques, de notre existence, en tant qu'êtres fondamentaux. De plus, ils voulaient se révéler dans leur beauté et leur perfection. Nos organes n'aiment pas trop qu'on ne s'en souvienne qu'en période de crise ou de maladie, lorsqu'ils doivent attirer notre attention vers des changements nécessaires. Ils préféreraient de beaucoup nous aider à découvrir chaque jour la splendeur de la vie et nous encourager à célébrer notre existence d'êtres uniques.

C'est ainsi que se sont formés les portraits de ce livre. Ils représentent les essences de nos organes et veulent nous rejoindre en tant qu'aspects de l'âme spirituelle — comme une ode à la vie. Ils nous montrent la perfection de l'existence et renouvellent notre compréhension des fonctions énergétiques de nos organes. Il est possible que les images de personnalité des organes vous parlent; peut-être, entre les lignes, trouverez-vous une ou deux vérités, ou y verrez-vous tout simplement de magnifiques illustrations accompagnées d'histoires adorables. De toute façon, nous aimerions vous inviter à voir vos organes différemment et à apprécier davantage le corps humain, y compris le vôtre. Ainsi, vous pourriez manifester une plus grande joie de vivre, améliorer votre santé, et intégrer une nouvelle notion de la santé qui englobe le corps — avec tous ses organes — et l'âme.

Préface

En 2008, en publiant le livre *Reflexzonen und Organsprache* (*La réflexologie et le langage des organes*), j'ai abordé une nouvelle étape de la médecine psychosomatique et spirituelle. Les organes ne veulent pas seulement nous réprimander et nous rappeler de faire quelque chose de mieux ou de différent, mais ils ont bien davantage à nous dire. Et surtout, ils veulent se révéler à nous dans leur beauté et leur infinie perfection. Ainsi, je savais que mon approche archétypale des organes au moyen de récits et de symboles pouvait n'être qu'un début. En effet, l'essence de chaque organe a des racines beaucoup plus profondes.

Lorsqu'une conscience de principes de l'esprit et de l'âme veut se manifester en tant que réalité, cela suscite des révélations, des coïncidences et des rencontres. Ainsi, en mai 2007, lors de la célébration des 25 ans de la maison d'édition Neue Erde, j'ai rencontré la peintre Anne Heng. Je connaissais déjà ses merveilleux tableaux de l'*Oracle angélique des arbres*, et je lui ai demandé qu'ensemble, nous puissions présenter les organes comme des êtres, en paroles et en images. Elle a tout de suite répondu avec enthousiasme ; dès lors, ce travail nous a permis de former un groupe inaltérable de « nous » en tant qu'organes, Anne et moi.

Au Salon du livre de Francfort, à l'automne 2009, Andreas Lentz, des éditions Neue Erde, a été la quatrième personne à se joindre à nous. À ce « nous » se sont continuellement joints de nouveaux arrivants : Hilde Fuhs a traduit les organes en musique de sources anciennes ; Veronika Berkenhoff et Catrin Benecke ont traduit de façon inspirée notre contemplation des organes en termes de kinésiologie ; et des amis ont enrichi l'axe du projet de leurs interventions stimulantes.

> Nos organes veulent être perçus comme des éléments de base, spirituels et physiques, de notre existence : des élémentaux.

Une autre contribution précieuse a été celle de Walter von Holst et Sita Andrea, qui ont offert leur savoir-faire et leur expérience dans le domaine de la guérison par les cristaux.

Pendant longtemps, alors que nous travaillions au livre, lorsque nos amis nous demandaient ce qu'étaient exactement ces élémentaux, nous ne pouvions leur donner de réponse satisfaisante. Nous savions les décrire, mais nos explications demeuraient tout de même nébuleuses. Cela a instantanément changé lorsque nous avons montré les peintures à nos amis ou que nous leur avons fait lire les textes. Sans exception, ils ont tous réagi en disant que les images et les mots touchaient un aspect de leur âme.

Cela nous a confirmé une fois de plus que nous étions sur la bonne piste. Il faut avouer que les organes ne nous ont pas toujours rendu la tâche facile. À certains moments, nous n'arrivions pas à produire une seule ligne ni un seul coup de pinceau, lorsque des vents contraires nous empêchaient d'écrire et de peindre, lorsque tout semblait bloqué. Par contre, à bien des moments, heureusement, tout semblait couler sans effort, alors que les paroles s'associaient et qu'une peinture semblait se créer, magnifique, presque toute seule. Bien sûr, ces expériences contrastantes étaient provoquées, ou du moins améliorées, par notre qualité de centration, notre degré de confiance en notre guidance intérieure, et la place que nous faisions à ces élémentaux pour qu'ils existent et se développent dans notre propre monde intérieur.

Notre première séance de travail à l'atelier de Anne a été alimentée par une joie énorme. À travers notre travail, la beauté de l'essence des organes était enfin perçue et appréciée. Notre tâche suivante consistait à faire, à partir de notre appréciation, une œuvre d'art visible et lisible.

Nous nous sommes entendus sur le fait que les êtres spirituels des organes, afin de mieux se présenter et se dévoiler, allaient parler à la première personne. Nous avons également compris que leur personnification ne pouvait servir à confronter le lecteur; les élémentaux veulent plutôt inviter l'observateur à s'accorder à leurs qualités et à les connaître directement, par l'expérience. Pour nous permettre de mieux nous mettre à leur écoute, les organes nous ont parfois laissés les dépeindre de côté, et parfois de derrière. Ainsi, le lecteur peut être attiré dans les champs de conscience qui confèrent aux paroles et aux illustrations un pouvoir encore plus grand.

Puis, nous avons choisi les organes qui seraient représentés dans le livre, ainsi que le texte et les images correspondants ; ce processus était souvent empreint de tiraillements internes. À travers tous ces examens des profonds processus intérieurs, nous avons peu à peu observé qu'en tant qu'humains, nous pouvons sentir et ressentir l'essence des organes, qu'il est possible de les décrire et de les dépeindre. Mais il y avait encore quelque chose qui nous travaillait l'esprit sans être tangible, quelque chose que nous ne pouvions identifier.

Nous avons fini par nous apercevoir que c'est en fait la part la plus profonde de tout notre projet. Notre esprit n'est pas à même d'accéder à ce plan de l'existence, c'est tout. Maintenant, après avoir terminé la première sélection d'organes, nous sommes d'accord avec ce que nous a dit notre cher ami Gottfried Hermann : ce n'est pas nous qui avons créé les illustrations et les textes, notre tâche ayant plutôt consisté à fournir aux organes un moyen d'expression. Tout cela s'est passé par notre intermédiaire, mais nous ne l'avons pas engendré. Cela explique aussi pourquoi chaque fois que nous choisissons les illustrations ou le manuscrit, nous sommes de nouveau complètement ébahis.

Nous vous souhaitons la joie, la santé et une vie en harmonie avec vos organes.

Anne Heng et Ewald Kliegel
Weilburg et Stuttgart

Introduction

Le corps transpose l'âme dans le monde visible.

Christian Morgenstern[1]

Présentation du champ de la guérison

« Le silence langoureux des organes » : voilà comment H. G. Gadamer définissait la santé[2]. Cependant, guérir représente davantage. Au-delà de l'absence de malaises physiques et psychologiques, le fait d'être « en santé » est une expérience ou un état dans lequel nous sommes en contact avec les profondeurs de notre être intérieur. Ce processus dure toute la vie et passe par bien des chemins, dont l'un concerne le corps et ses organes. Avec ce qu'ils ont à nous dire, ils nous enrichissent : par le respect de nous-mêmes, par la découverte de notre potentiel, par un merveilleux accord intérieur et, bien sûr, par la santé.

Cependant, ce n'est pas seulement ce kilo et demi de tissus du foie ni les 140 grammes du pancréas qui nous offrent ces cadeaux. Pour cela, nous pouvons remercier les élémentaux, les champs de conscience, qui, en tant qu'essence spirituelle, gardent nos organes et les courants intérieurs d'information et d'énergie sur les plans physique et spirituel.

Dans notre pensée habituelle, nous oublions beaucoup trop facilement que tout l'organisme coopère, que le même sang fournit de la nourriture du bout des orteils aux racines des cheveux, et que tous les aspects de notre corps sont liés par le système nerveux autonome, dont la longueur ferait environ 10 fois la circonférence de la Terre.

De plus, nous entretenons l'idée que la santé et la guérison reposent uniquement sur le fait de nous occuper de ce qui manque, de ce qui est dérangé ou de ce qui se trouve en mauvais état. Mais notre corps ne fonctionne pas comme une machine à vapeur dans laquelle nous actionnons une valve qui met en branle telle partie de la machine. Nous formons un système complexe, composé d'un corps et d'une âme, pour l'exploration duquel les modes linéaires de pensée et les simples mécanismes de cause et d'effet ne nous serviront à rien ; ces modèles simplistes ne sont pas suffisants. C'est là aussi que la médecine moderne atteint sa limite, car elle exclut invariablement les besoins mentaux et spirituels de notre être.

> Le monde dans lequel nous vivons n'est pas la vallée de larmes qui nous sépare des sommets du divin ; c'est le pont qui nous relie à lui. Nous n'avons qu'à éclaircir les brumes de conscience qui nous empêchent de le voir[3].

Les élémentaux nous invitent à transformer notre point de vue et à faire une expérience différente de nos organes. Libérés d'une mentalité purement matérialiste, nous pouvons dès lors comprendre et nous orienter vers le champ de guérison de la vie. Ce mode ne ressemble en rien à la pensée habituelle; il s'agit davantage d'une perception, d'une sensibilité, d'une observation holistique — d'une expérience!

Si nous pouvons nous relier à l'essence d'un organe, une semence en nous que nous avons négligée beaucoup trop longtemps recommence à germer. Avec sa croissance se déploient une connaissance de base des racines spirituelles des organes et une conscience qui nous enseigne à rester attentifs au corps : à travers celle-ci — lorsqu'elle s'épanouit pleinement —, nous découvrons notre propre force vitale intérieure.

Si nous acceptons cette invitation des élémentaux, nous arrivons à former un dialogue avec les niveaux profonds de notre être. Ainsi, nous activons les plans spirituels des organes et accédons, pour ainsi dire, aux « mises à jour » de notre « logiciel organique » spirituel. Nous parvenons donc à mieux apprécier notre corps. C'est un élément essentiel de notre santé.

Les élémentaux nous invitent à transformer notre point de vue et à faire une expérience différente de nos organes.

Mais cela ne veut pas dire qu'il faille négliger la médecine ou la naturopathie. La connaissance de la nature des organes que nous aimerions transmettre dans ce livre n'est pas une simple méthode de guérison qui nous promet la santé et une longue vie. Nous ne pouvons la condenser en pilules à prendre au besoin. C'est davantage une façon d'entrer en contact avec nous-mêmes et nos forces inhérentes.

Lorsque nous envisageons l'humain dans son intégralité, en tant qu'unité physicospirituelle, toutes les méthodes de guérison ont leur place. Chaque approche ou technique de santé devient un art de guérison. Avec notre connaissance des élémentaux de nos organes, nous ouvrons dans notre conscience des espaces spirituels dans lesquels il peut arriver des choses nouvelles. Cela peut donner des miracles — même si nous ne devons pas activement nous y attendre.

Il serait tout aussi erroné de nous attendre à ce que notre rhumatisme, notre ulcère d'estomac ou notre cancer soit guéri. Toutes ces maladies sont des processus complexes que nous ne pouvons « vaincre », mais uniquement mettre en ordre, en accord avec nous-mêmes et notre nature. Ce qui préoccupe surtout la médecine et les individus, à présent, est de gérer les perturbations et les problèmes des états de santé : les symptômes. Dans ce cas, nous ne laissons pas assez de place aux capacités d'autoguérison que nous possédons tous.

Avec notre connaissance des élémentaux de nos organes, nous ouvrons dans notre conscience des espaces spirituels dans lesquels il peut arriver des choses nouvelles. Cela peut donner des miracles — même si nous ne devons pas activement nous y attendre.

En nous ouvrant à la nature de nos organes, nous pouvons changer notre attitude et trouver un équilibre intérieur grâce auquel nous pouvons contrebalancer les tensions de notre existence. Cet équilibre est ce que nous appelons généralement la santé. De plus, sur cette voie qui comprend également l'exploration spirituelle, un état de plénitude peut s'installer, car à travers l'ouverture aux élémentaux des organes, nous prenons contact avec les niveaux élémentaires de notre être. Dans une telle relation, nous avons le sentiment d'« être chez soi » dans notre corps autant que dans notre âme. Parfois, nous sentons directement les champs spirituels des élémentaux des organes. Nous les percevons alors comme une sorte d'ange : nous sommes remplis d'un courant lumineux ou nous avons la sensation que notre corps est l'origine d'une joie pure.

Arrête, où cours-tu ?
Le ciel est en toi.
Cherches-tu Dieu ailleurs, tu le manques sans fin[4].

Nos organes nous invitent

La nature de nos organes attire notre attention vers la beauté et la perfection de l'être. Ils nous alignent avec une forme de guérison qui ne vient pas de l'extérieur, mais qui nous attend à l'intérieur de nous. Notre pensée rationnelle n'y a qu'une influence très limitée; on ne peut saisir l'essentiel par la logique. Notre esprit trouve vagues les sentiments et les émotions, car ils n'obéissent pas, non plus, à notre volonté. Autrement, ces niveaux humains sont plutôt intelligibles et clairs.

Il en va de même pour ce qui est de la nature des organes. Ici aussi, nous sommes confrontés à un monde qui doit nous paraître très peu orthodoxe : l'intégration de notre âme et de notre corps en dehors des schémas de pensée connus. Mais ce sont précisément ces portails peu orthodoxes que nous devons franchir, pour trouver les forces créatives de la vie. Les élémentaux des organes voudraient nous encourager à nous fier à ces qualités souvent repoussées à l'arrière-plan : la sensibilité, l'intuition, la compassion, la réceptivité et le courage de vraiment vivre tout cela. De ce point de vue, il peut se produire des miracles et des guérisons.

Les Bochimans du désert du Kalahari ont ce dicton : « L'humain est comme une fourmi qui essaie d'éteindre le soleil en pissant dessus. » En voulant toujours tout maîtriser, nous oublions que nous faisons partie intégrante de l'univers ; qu'au-delà de notre volonté et de nos désirs, il y a un ordre spirituel plus profond, inhérent, qui sert le grand tout, l'« Unique ».

Dans ce contexte, les représentations de l'essence des organes sont comme un parfum qui flotte autour de notre nez, comme l'arôme du café du matin. Pour retrouver cette odeur, nous avons besoin d'un peu d'assistance et de rappels. Les exercices suivants y sont destinés ; nous pouvons nous y livrer sur un coussin de méditation, dans un wagon de métro bondé ou au milieu d'un champ fleuri. L'essentiel est de permettre à nos intentions et à notre volonté de venir se poser entre nos pensées. Souvent, quelques minutes suffisent pour créer une paix intérieure dans laquelle nous pouvons rencontrer les couches spirituelles de notre corps.

Chacun des exercices suivants est adapté à une façon particulière d'atteindre cet espace de calme intérieur. Parfois, nous avons besoin d'un peu plus de temps, et à d'autres moments, quelques respirations suffisent pour favoriser l'équanimité en nous. Nous vous suggérons d'accompagner ces exercices d'une inspiration et d'une expiration conscientes.

Le premier exercice est certes précieux lorsqu'il s'agit de se relier aux courants d'énergie. Cet exercice donne du « souffle » à notre organisme, pour ainsi dire, et active le contact avec notre force intérieure.

Grâce au deuxième exercice, inspiré du bouddhisme zen, nous pouvons dégager nos pensées ; ensuite, de l'arrière-plan inconscient, il peut apparaître des solutions que nous n'aurions jamais trouvées autrement.

Le troisième exercice est un exemple de voyage imaginaire dans notre monde intérieur. En descendant symboliquement dans la profondeur, nous ressentons un soutien de nos niveaux archétypaux inconscients[5] et recevons des indications pour des changements bénéfiques. Après nous être alignés sur nos impulsions intérieures, nous pouvons nous ouvrir à un organe et à son essence. Pour cela, nous dirigeons notre attention vers un principe d'organe. Peu importe que nous ouvrions le livre « comme par hasard », que nous commencions par un organe en particulier ou que nous entreprenions de nous occuper d'un sujet physique, psychologique ou spirituel.

Oh ! Réchauffe vaillamment l'esprit avec l'esprit et la puissance pour qu'il s'embrase et éclate. Même si le verre délicat du cerveau doit éclater[6].

Exercice 1 : Le courant d'énergie

Assoyez-vous confortablement, les pieds bien posés au sol, et mettez la main sur votre nombril.

À présent, imaginez vos pieds qui déploient des racines dans la terre.

À chaque respiration, lorsque vous sentez votre ventre monter et descendre sous vos mains, vos racines s'étendent de plus en plus profondément dans le sol.

Parfois, ces racines sont si profondes qu'elles atteignent le magma du noyau de la Terre. Permettez à vos racines de joyeusement barboter dans le magma, et voyez-y disparaître toute pensée épuisante.

À présent, dirigez votre attention vers la région de votre couronne.

Imaginez que vous y pratiquez un « toit ouvrant spirituel », puis choisissez une jolie étoile dans le ciel.

Laissez cette étoile rayonner jusqu'en vous, et sentez cette lumière agréable circuler à travers votre colonne vertébrale et le bout de vos racines, jusque dans le magma.

Avec le temps, cette lumière commence à scintiller comme un bain de mousse autour de vos racines. Ainsi, vous formez un lien magnifique entre votre univers extérieur et votre terre intérieure, baignée de lumière, et vous sentez à quel point il est bon d'être un intermédiaire entre les énergies. Ainsi, vous êtes fermement ancré à votre emplacement dans le moment présent.

Sentez à quel point à travers ce lien, toutes les énergies épuisantes s'écoulent et sont transformées. Donnez de l'espace à cet écoulement et écoutez la voix de vos élémentaux.

Exercice 2 : Le portail de nuages

Imaginez que vos pensées sont des nuages qui flottent dans le ciel.

Lorsque vous voyez l'un de ces nuages, accueillez-le comme un simple passant.

Laissez-le continuer sans vous y attacher.

Ne vous laissez pas non plus attirer dans un dialogue avec lui. Au besoin, cela pourra se produire plus tard, mais maintenant ce n'est vraiment pas le moment.

Si vous ne vous y attachez pas, le prochain nuage de pensée passera aussi, et le suivant, et peu à peu vous commencerez à apprécier davantage le ciel bleu et vide en vous-même.

Exercice 3 : Le lac intérieur

Imaginez que vous marchez dans une forêt tranquille et que vous atteignez une clairière où s'étend un lac. Calme et invitant, ce dernier reflète la lumière du soleil.

Vous suivez le sentier boisé jusqu'au bord de l'eau, et vous voyez qu'il traverse le lac.

Quelque peu hésitant, vous faites un premier petit pas dans l'eau, et, à votre surprise, ni votre chaussure ni votre pantalon ne se mouillent, car une couche d'air entoure votre pied et votre jambe.

Au pas suivant, une agréable fraîcheur vous atteint, qui vous fait un bon effet après la marche.

À chaque pas, vous vous sentez plus assuré ; vous avez la sensation d'être soutenu.

Même lorsque vous arrivez au point où votre bouche et votre nez descendent sous la surface de l'eau, c'est étonnant : votre souffle circule encore plus légèrement et librement. On dirait que le lac vous fournit une réserve d'énergie supplémentaire.

Ensuite, avec le changement de point de vue, car vos yeux sont maintenant sous l'eau, un monde fascinant s'ouvre à vous. C'est la même forêt qu'avant, sauf qu'elle est plus riche en formes et en couleurs. L'expérience est plus intense, plus luxuriante sur le plan émotionnel. Au lieu de marcher, vous flottez dans une beauté inexprimable, qui vous transporte et vous procure une grande joie jusqu'au fond de l'âme.

En marchant, vous rencontrez un organe affichant la forme de son essence qui vous invite à connaître sa perfection et ses caractéristiques.

Vous avez un sentiment de familiarité avec ce représentant de votre corps, et cela concerne une connaissance élargie, une redécouverte des plus profondes qualités de son âme.

De plus, vous prenez contact en vous avec une vitalité que vous aviez presque oubliée. Avant de reprendre sa marche, le représentant de l'organe vous laisse un petit cadeau et vous guide vers le chemin de la remontée.

Au moment qui vous convient, vos pas se redirigent vers la surface de l'eau.

D'en bas, vous regardez à travers le miroir du lac, et vous voyez que le sentier qui remonte continue vers le soleil. De plus, vous reconnaissez aisément votre direction.

À chaque pas, le lac s'écarte de nouveau devant vous, et en remerciant votre âme, vous vous mettez à parcourir ce sentier, sachant très bien que le lac vous attendra bientôt de nouveau et vous réservera d'autres rencontres précieuses.

Retrouver le lien avec l'essence de l'organe

À travers le lien intérieur avec les élémentaux de l'organe, nous retrouvons le « logiciel idéal » du champ éthérique dans la structure de notre corps et de notre âme. À présent, nous n'avons qu'à mettre à jour cette information dans nos cellules et nos organes. Pour cela, nous pouvons faire appel à des personnes qui, par leurs capacités de guérison, peuvent capter cette information.

De même, nous pouvons nous charger nous-mêmes de ce travail spirituel. Lorsque nous utilisons le terme « travail », nous ne parlons pas de « faire » au sens classique, mais d'une conscience accrue avec laquelle nous présentons un sourire à nos organes, que nous remercions pour la perfection en nous. Les illustrations et les textes servent à faciliter ce travail.

Tandis que le récit à la première personne nous permet déjà de sympathiser avec l'organe et à sentir sa magnificence, les illustrations nous offrent la possibilité de fusionner avec le principe de l'organe. Ainsi, les êtres de l'organe nous invitent à faire directement l'expérience de leur information et de leurs énergies. De plus, par la fusion intérieure avec le principe de l'organe, nous arrivons à un monde intérieur qui nous fournit un champ de guérison.

Afin d'établir une bonne relation avec l'essence des organes, nous devons toujours consacrer activement toute une journée à un seul principe spirituel d'un organe. Pour cela, nous pourrions, par exemple, extraire une phrase essentielle du texte et nous la rappeler activement, tout en y réfléchissant à différents moments de la journée : « Que veut dire cette phrase dans le contexte de cette situation ? Comment puis-je améliorer ma vie maintenant au moyen de cette information ? »

Cette étape peut nous sembler limitée, mais nous pourrions ainsi recevoir une révélation qui nous aidera davantage, ou il pourrait en ressortir de la clarté sur une décision à venir.

La même chose s'applique à chacune des images. Si nous continuons à les garder mentalement ou physiquement devant nos yeux, nous découvrons tel ou tel détail qui, dans la situation qui nous occupe, met en valeur des perspectives et des solutions complètement nouvelles. En gardant cette conscience, nous mettons continuellement à jour la calibration de nos programmes grâce à la perfection des niveaux spirituels des organes, et nous nous joignons au courant d'énergie et d'information qui circule dans la profondeur de notre âme.

À travers tout cela, nous devons toujours nous demander comment utiliser cette présence intérieure des élémentaux des organes pour guérir quelque chose en nous.

Notre évaluation mentale de la situation n'est pas un facteur crucial. Il est beaucoup plus important de sentir, avec autant d'acuité que possible et de tout notre cœur, et de nous laisser guider par notre intuition. Par exemple, une impulsion peut, au déjeuner, recommander une combinaison d'aliments que nous n'aurions jamais envisagée autrement. Une autre impulsion peut spontanément orienter nos pas dans une autre direction ; elle peut doucement nous pousser, à la prochaine sortie de l'autoroute, à continuer notre trajet à travers la campagne — malgré un rendez-vous — ou à choisir un itinéraire nouveau. En même temps, une impulsion intérieure peut nous inciter à parler à quelqu'un ou à accorder plus d'espace à une rencontre.

Afin d'établir une bonne relation avec l'essence des organes, nous devons toujours consacrer activement toute une journée à un seul principe spirituel d'un organe.

Ces impulsions peuvent concerner des sujets étendus, comme des questions sur la conception générale de la journée, mais aussi s'attacher à des incidents qui passent quasi inaperçus, comme un sourire que nous faisons à quelqu'un. De toute façon, la décision de céder ou non à une impulsion ne doit jamais dépendre de délibérations mentales ni être déterminée par des facteurs temporels, mais nous devons la prendre en sondant nos émotions afin de nous assurer que nous sommes touchés par cette impulsion.

Une possibilité intéressante consiste à dessiner ou à peindre une image de l'organe. Pour cela, nous n'avons qu'à prendre un cahier de dessin et un stylo ou un crayon de couleur, en commençant sans but ni concept, et en nous laissant guider par nos impulsions intérieures. Les qualités artistiques de l'œuvre ne sont pas importantes : ce qui compte, c'est l'intensité avec laquelle nous nous y consacrons. Pour interpréter ce que nous produisons, nous ferions mieux de laisser passer une journée, afin de prendre une « distance intérieure » devant l'image.

Un autre bel exercice d'hommage aux organes consiste à consacrer chaque journée à un organe différent. C'est en même temps un grand nettoyage spirituel des organes, sous la forme d'un voyage conscient à travers le corps. Puisque chaque voyage suit un parcours très personnel, il n'y a pas de séquence déterminée, ici non plus. Nous pouvons choisir au hasard l'organe de la journée, et l'identifier en nous mettant à l'écoute de notre corps ou selon une séquence qui nous semble appropriée.

De plus, il peut être utile de tenir un journal des événements : chaque soir, nous consignons nos sentiments et nos émotions sous forme de « slogan ». Nous sommes libres d'attribuer à la « journée de l'organe » une conclusion positive en une phrase courte.

Traite si bien ton corps que ton âme aura envie d'y habiter[7].

Les traitements énergétiques facilitent le contact

Pour ancrer encore davantage les élémentaux dans notre conscience corporelle, nous devons leur préparer un champ dans lequel ils seront bienvenus. Pour cela, tous les traitements d'harmonisation énergétique conviennent. D'après un vieux dicton chinois, nous nageons dans une mer d'énergie comme un poisson dans l'eau ; il faut se servir de ces énergies. Toutes les cultures y ont découvert un accès et en ont tiré des traitements. Nous les utilisons diversement en tant que points d'acupuncture, méridiens, chakras et zones réflexes. Ce sont les portails où nous sommes le plus intensément en interaction avec nos champs d'énergie environnants, et où nous pouvons particulièrement bien recevoir des impulsions afin de contribuer à une régularisation et à une harmonie intérieure.

Même si en Occident, cette connaissance a été réprimée ou négligée depuis des siècles, la pratique occidentale a aussi commencé, il y a environ 150 ans, à s'ouvrir partiellement à ces traitements énergétiques. Dans les traitements occidentaux, les portails où il existe un lien particulier entre le monde intérieur et le monde extérieur s'appellent les zones réflexes. Ce sont nos « cartes de la santé » sur lesquelles les organes projettent leur état, et où nous pouvons diriger nos impulsions de traitement vers le monde intérieur — vers les organes.

Les zones réflexes les plus familières sont situées aux pieds. Dans nombre de cultures anciennes, le massage des pieds fait partie de la médecine douce. Aujourd'hui, nous connaissons plus de 30 systèmes de réflexologie[8] : sur les mains, les oreilles, le dos, le visage et le crâne. Pour accéder à l'essence des organes, nous pouvons en principe les utiliser tous, bien que ceux des mains et des pieds se soient avérés d'une valeur particulière pour l'harmonisation énergétique. La peau, le tissu conjonctif et le sang n'ont aucune corrélation fixe avec les zones réflexes. Pour ces organes, nous pouvons masser les coudes et la partie profonde des genoux. Vu l'intensité du toucher, ces zones exigent une attention particulière ; il faut frôler la peau avec douceur.

Comme nous l'avons souligné, l'essentiel dans tous ces traitements n'est pas le degré de pression, mais la proximité avec l'autre personne sur le plan intérieur. Puisque les zones réflexes sont un phénomène énergétique, il n'est pas étonnant que les méthodes qui influencent le corps d'une façon similaire offrent le meilleur soutien lorsqu'il s'agit de régulariser les fonctions physiques et spirituelles des organes. La lumière, les couleurs, les huiles essentielles et les cristaux sont d'une efficacité particulière et d'un grand secours.

Ainsi, Dieu a veillé à ce que ni la beauté, ni la puissance des cristaux ne disparaissent, et voulu qu'elles soient appréciées et louées, et qu'elles servent de remède sur la Terre[9].

Les massages aux cristaux et la réflexologie : les voies privilégiées

Intégrer le massage par les cristaux aux systèmes énergétiques présente une merveilleuse occasion d'avoir un accès plus intense à l'essence des organes. À cette fin, nous pouvons d'abord identifier la région des pieds ou des mains à l'aide du tableau de réflexologie. Puis, nous fouillons cette zone avec un doigt ou une baguette de cristal de quartz, en traçant doucement des cercles et en cherchant le point de référence maximal. Voilà le point où nous sentons la plus forte réaction.

Cette recherche s'effectue surtout au moyen d'un toucher presque imperceptible, un frôlement de la zone. Ce n'est aucunement censé être pénible ni même inconfortable. Lorsque nous massons les mains ou les pieds d'une autre personne, le point de référence maximal peut apparaître à travers un changement évident de sa respiration. En le faisant soi-même, on enregistre souvent le point de référence maximal sous forme de sentiments, d'images ou de sensations corporelles. Il peut aussi y avoir des perceptions étonnantes. Par exemple, une sensation de légèreté peut réapparaître en nous, nous pouvons nous sentir absolument remplis sur le plan intérieur, une lourdeur peut survenir, cela peut être joyeux ou délicieux, ou il peut y avoir des sentiments de tristesse ou de colère.

Peu importe quelle qualité apparaît, chaque sensation intense nous montre que nous sommes en contact avec le principe spirituel d'un organe.

Lorsque nous avons atteint ce point, nous n'avons rien à faire pour commencer, sinon rester là calmement, sans bouger, pendant trois respirations, et nous consacrer mentalement à l'essence de l'organe. Le point tangible sert donc d'ancre corporelle que nous pouvons toucher à maintes reprises pour prendre contact dans notre conscience avec l'élémental correspondant. Après environ cinq activations conscientes de trois respirations de longueur, par l'intermédiaire de cette ancre corporelle, les connexions intérieures seront fermement établies. Ensuite, elles peuvent être rappelées à n'importe quel moment : il suffit de toucher ces zones.

Nos magnifiques alliés : les minéraux et les cristaux

Les cristaux sont particulièrement efficaces; à cause de leur structure cristalline, ils résonnent intensément avec les organes et leurs élémentaux. D'après les sages des sociétés de nos ancêtres, chaque minuscule élément de l'univers est animé et pourvu d'une âme, et tout est rempli d'esprit et de son. Ainsi, ils anticipaient les révélations de la physique quantique.

Ce principe s'applique avec encore plus d'insistance au monde des minéraux et des cristaux, qui démontrent ces capacités dans nombre d'applications techniques. L'exemple le mieux connu est la focalisation et l'amplification de quanta lumineux au moyen de cristaux avec des lasers; d'ailleurs, notre ère de l'information est basée sur le cristal de silicone. Les cristaux ont la capacité de diriger les courants de quanta. D'après les observations des grands physiciens depuis un siècle, il suffira de franchir un petit pas pour reconnaître la conscience quantique.

Tenons pour acquis qu'une telle conscience existe chez les cristaux. De plus, les cristaux constituent des êtres dotés d'une conscience qui nous aident à nous harmoniser à l'essence de nos organes. Aux fins de cette interaction, nous, terriens, avons à notre disposition une abondance de cristaux pour traduire dans le physique nos impulsions spirituelles sur le plan de l'âme. Le tableau suivant attribue à chaque organe deux cristaux qui s'accordent particulièrement à son principe. Pour cette sélection, je suis fort reconnaissant envers Walter von Holst et Sita Andrea pour leur compréhension des élémentaux dans la guérison par le cristal.

D'après les sages des sociétés de nos ancêtres, chaque minuscule élément de l'univers est animé et pourvu d'une âme, et tout est rempli d'esprit et de son. Ainsi, ils anticipaient les révélations de la physique quantique.

Si un autre cristal se suggère à nous sans faire partie du tableau, il faut l'utiliser. Nous pourrons ensuite découvrir ses propriétés dans l'un des nombreux guides de guérison par les cristaux, et trouver l'aspect d'un organe qui tente, à travers ce cristal, de se frayer un chemin vers la conscience et vers notre vie.

Le cristal que nous avons choisi ou qui nous a choisis attirera davantage notre conscience vers l'essence correspondante des organes. Nous pouvons le porter sur nous comme une pierre polie ou un pendentif pendant que nous travaillons sur l'organe. De plus, nous pouvons placer des cristaux sur les zones réflexes et masser le corps vital (également appelé le corps subtil) dans la région située au-dessus de l'organe, de même que sur les zones réflexes.

Dans son livre *Crystal Massage for Health and Healing*[10], Michael Gienger décrit comme suit ce type de massage :

> Le massage du corps vital traite non seulement le corps physique, mais l'ensemble de la personne sur le plan énergétique. Le massage consiste à toucher très doucement la peau, avec l'intention d'harmoniser et de vitaliser le champ énergétique qui encercle et pénètre le corps. Ce champ s'appelle aussi le corps éthérique, l'aura, le champ morphogénétique, le corps subtil ou le corps vital.

Ce massage est purement intuitif; pour trouver la direction et l'intensité du contact sur la peau, on se met à l'écoute de la façon de procéder dans le moment présent. Si on y consent de tout son cœur, les profondes couches de la conscience prendront le relais et nous guideront.

Corrélation entre les cristaux de guérison et les organes

Cerveau	Diamant	Je dirige l'esprit, l'âme et le corps.
	Tanzanite	J'émets des points de vue significatifs.
Cœur	Rubis	Je suis fort dans mon rythme et je profite de la vie.
	Danburite	Avec une sensibilité amoureuse, j'établis des relations.

Colonne vertébrale	Sélénite	Je véhicule la lumière et la paix.
	Aegirine	Je suis souple et je donne des encouragements.
Dents	Sphène	Je porte tout et lutte jusqu'au bout.
	Eudyalite	Je me bats pour ma survie.
Épaules	Hypersthène	Je concentre et je porte la responsabilité.
	Fluorite	J'élargis mes frontières.
Estomac	Citrine	Je transforme les conflits en nourriture pour l'âme.
	Pierre de soleil	Je suis le Oui affectueux à l'existence.
Foie	Diopside de chrome	Je renforce de façon créative et vigoureuse tous les processus de vie.
	Malachite	Je tire parti de l'abondance des images et de l'imagination.
Genoux	Sardonyx	Digne et déterminé, j'applique ce qu'il y a à faire.
	Lentille biotite	Je défends la persévérance et la souple élasticité.
Glande mammaire	Ambre	Je suis la mère nourricière.
	Manganocalcite	J'apporte la prospérité et la croissance.
Gorge	Calcédoine	Je communique et j'explique.
	Turquoise	Je renforce l'expression et facilite l'acceptation.
Gros intestin	Stromatolite	J'autorise et tire le meilleur parti.
	Saphir	Je me concentre sur l'essentiel.

Hanches	Granit	Je suis le moteur infatigable.
	Chiastolite	Je focalise et relie des extrêmes.
Intestin grêle	Carnéol	Sûr de moi, je tends vers ce qui est bon pour moi.
	Vésuvianite	Je choisis ce qui me convient et je le décode.
Mains	Lapis-lazuli	Dans la dignité, je suis les impulsions de l'esprit.
	Mookaïte	En jouant, je crée la réalité.
Nez	Séraphinite	Je saisis l'occasion avec un instinct sûr.
	Rhodochrosite	Je danse avec sensualité.
Oreilles	Cavansite	J'accepte ma propre importance.
	Larimar	Ici et maintenant, je poursuis l'appel intérieur.
Organes reproducteurs féminins	Opale rose	Par jeu, je goûte chaque instant.
	Hydrogrossulaire	Je m'ouvre avec la force de la profondeur.
Organes reproducteurs masculins	Thulite	Renforcé par la puissance des ancêtres, je représente l'essence d'être un homme.
	Rubis zoïsite	Je donne de la stabilité et de la confiance en soi dans l'union.
Pancréas	Brazilianite	J'atténue les déséquilibres et résous la pénurie.
	Topaze impériale	Je suis une généreuse abondance.
Peau	Achate	Je protège par mes couches multiples.
	Quartz rose	Je sens, chaleureusement et affectueusement.

Pieds	Basalte	Je suis enraciné dans l'ultime source de l'existence.
	Jaspe paysager	Je bâtis sur des expériences et je suis lié au cheminement de ma vie.
Poumons	Topaze bleue	J'absorbe, libère et laisse circuler.
	Corail bleu	Je participe et je permets à chacun de prendre part.
Rate	Charoïte	Je rejette ce qui interfère.
	Chrysobéryl	J'éclaire et surveille tout.
Reins	Néphrite	J'extrais le vivant du courant.
	Nuumite	Je suis la force ancienne des ancêtres.
Sang	Rhodolite	Je porte en moi l'élément de base de la vie et de la guérison.
	Quartz hématite	Je m'engage dans la vie avec une volonté inspirée.
Thymus	Héliotrope	Je définis et préserve la forme.
	Aigue-marine	Je poursuis ma destinée d'une façon dynamique.
Thyroïde	Feu opale	J'allume le feu de l'enthousiasme.
	Verre du désert de Libye	Je suis le génie du moment.
Tissu conjonctif	Klinoptilolite	Je soutiens, nourris et renouvelle toutes les structures de la vie.
	Albâtre	Je garde et maintiens les structures à leur place.
Vésicule biliaire	Azurite	Je dissous les schèmes spirituels et je définis.
	Zirconite	J'élimine les perturbations et je garde le cap.

Vessie	Halite	J'ouvre et je ferme, je limite et je consens.
	Sodalite	Je défends mes valeurs avec loyauté.
Yeux	Tourmaline polychrome	Je traduis le monde sous forme de couleurs et d'idées.
	Disthène	Je vois les choses telles qu'elles sont.

L'essence des organes

Le cerveau

N'est-ce pas merveilleux ? Chacune de mes deux moitiés contient son propre monde. Tandis que la gauche est plus consacrée à l'esprit et à la pensée logique, la droite brille dans les couleurs des émotions et de l'intuition.

Conjointement, elles créent à chaque instant un nouvel univers rempli d'amour. Là, grâce à l'entrelacs de mes espaces et dimensions, les émotions et les pensées rayonnent pour ensuite recevoir leur place conjointe dans mon océan illimité de perceptions.

J'organise la coordination intérieure des organes et m'occupe de leur relation avec le monde extérieur. Ainsi, j'assure la survie de la personne sur cette planète, et je lui donne l'occasion de remplir sa vie d'expériences.

Ma tâche essentielle consiste à tout trier et à prendre des décisions en conséquence. Les résultats, je les communique ensuite à la conscience.

L'une de mes plus grandes réalisations consiste à forger une identité ou un « je suis ». Ce « je suis » transmet à l'être humain une personnalité et la sécurité d'une conscience de soi qui permet les évaluations.

Je suis au meilleur de ma forme lorsque ces évaluations sont constamment remises en question et que la personne se rappelle avec humour que tout cela peut bien n'être qu'une illusion, car en définitive, je ne fais que refléter l'univers très personnel de la personne.

Anne Heng

Le cœur

Placés dans le courant de la vie, mon rythme et mon jaillissement chaleureux dirigent avec force la substance du corps et de l'âme jusque dans les endroits les plus distants. Avec sensibilité, j'enregistre même les impulsions les plus ténues, et je synchronise l'interrelation des organes jusqu'aux niveaux spirituels, inclusivement.

C'est mon territoire, dans lequel je protège de toute ma force tout ce qui m'est relié. Par le rythme de la tension et de la détente, mes impulsions les plus profondes sont emportées dans le monde comme des vaguelettes sur un étang, et mes cavités de l'âme reçoivent les résonances infiniment diverses de l'univers.

Pierre, plante, animal ou humain, je suis rattaché au cœur de l'existence et je connais le profond sentiment d'appartenance à tout ce qui vit. Sous cette forme d'amour, des profondeurs émerge une compassion active, dans laquelle même les vérités désagréables ne blessent pas.

Ma sagesse étendue dissipe l'incertitude et fournit les réponses nécessaires à partir des domaines de l'âme sensible qui suit une profonde compréhension intérieure. Cela ouvre de nouvelles portes à l'amour et éveille la vie d'une personne à des réalités dont elle n'a même pas rêvé.

Cela s'applique en particulier au dialogue entre deux cœurs, alors que mon rythme accompagne l'amour dans son flux puissant. Grâce à l'infusion d'âme de cette force vitale, deux humains peuvent changer la trajectoire du monde.

La colonne vertébrale

M'efforçant de monter tout en reposant sur des racines fortes, essuyant les orages de la vie et suivant souplement le cours du monde, je suis l'Arbre de la Connaissance, l'Arbre de vie de la kabbale ou l'Yggdrasil, l'Arbre-Monde des Eddas.

Mon thème fondamental est partout le même : « Trouve ta propre position alignée, et réponds avec souplesse aux changements de la vie. »

Avec les énergies qui circulent à travers moi, je garde un grenier de l'âme, qui renferme toutes les expériences sous forme d'attitudes, de savoir-faire encourageant et de sincérité.

Si l'énergie peut circuler librement à travers mon grenier, je le montre sous la forme d'une caresse douce et quasi imperceptible dans le dos, comme un courant qui arrive dans toutes les couleurs et les degrés des émotions, ou des sensations qui me parcourent comme des averses bienheureuses, presque insupportablement belles.

Dans ces moments-là, je relie le monde élémentaire de la matière terrestre aux plans spirituels de l'étincelle divine.

Il en découle une nette conscience des questions à venir et du parcours de la vie, et puisque tous les organes et les tissus me sont rattachés, ce flux d'énergie les soigne et les guérit aussi, et leurs niveaux d'énergie s'élèvent.

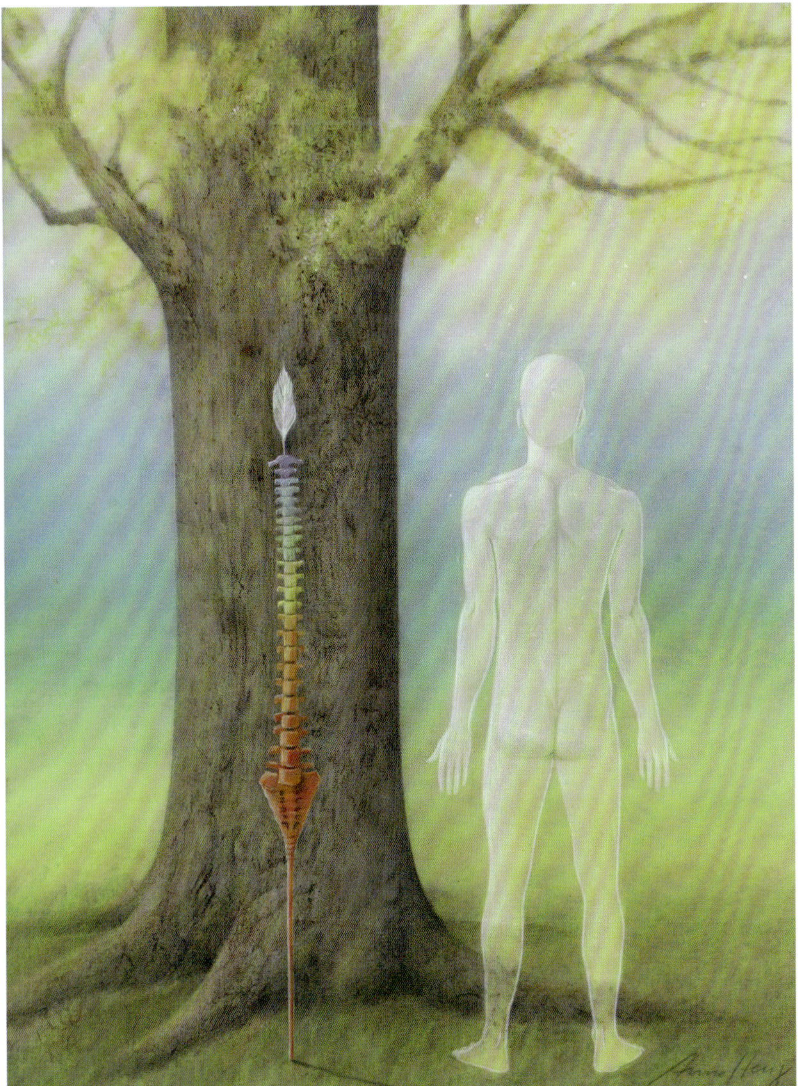

Les dents

Lorsqu'il est question d'instincts primordiaux, nous sommes les représentantes qui évoquent le plus explicitement l'héritage conjoint de tous les êtres et de tout ce qui vit.

Avec notre capacité de couper toute la nourriture en petits morceaux et de la broyer, nous donnons la souplesse nécessaire à la production d'énergie. Nous formons la structure la plus dure de l'être humain, qui s'exprime, dans la personnalité, sous forme de volonté.

En effet, les dents d'un enfant invitent les pouvoirs de la volonté et de l'affirmation de soi. Nourries aux sources du lien animal à la nature et aux champs de conscience des ancêtres, nous représentons le développement d'un humain indépendant, prêt à prendre sa place dans le monde.

Par le passage de nos premières représentantes à celles d'entre nous qui restent avec vous pour de bon, nous affirmons l'aspiration justifiée de chaque individu à l'accomplissement de soi et à sa rédemption dans l'amour. Cela se relie à l'alignement actif avec les compagnons d'une vie accomplie.

Nous révélons la joie de faire l'expérience des différentes générations, l'amour de tout ce qui nous a été confié et le désir sexuel sous la forme de la profonde volonté intérieure vers la suite de l'humanité.

Claires et cohérentes, nous protégeons et défendons également tout cela, prêtes à une confrontation ouverte.

Les épaules

Sur moi, le monde repose, et de mon centre, j'englobe les dimensions du temps et de l'espace, incommensurables. En moi se trouve l'espace dans lequel le passé et l'avenir sont intégrés à l'infini du Présent. À travers mon être, je révèle des chemins qui mènent aux étreintes bien senties et assurent la préservation de soi par les frontières vitales.

Si j'invite l'univers dans l'ampleur de mon mouvement, j'en laisse entrer les pouvoirs. Ils peuvent être perçus comme de l'estime de soi et une attitude alignée. En retour, j'ouvre — par l'abandon de soi — les espaces intérieurs de l'âme du monde.

Le dialogue entre ces deux mouvements est le battement d'ailes d'un ange majestueux qui nous met en contact avec notre force.

De plus, nous redécouvrons sans cesse en nous le point d'appui d'Archimède, à partir duquel nous pouvons soulever le monde. En faisant confiance à un guide supérieur, nous assurons l'individu que l'univers est complet en soi, que nous en faisons partie et qu'on nous accorde l'expérience de cette sérendipité.

L'estomac

Ce ne sont pas seulement la nourriture et la boisson dont mon organe est rempli qui sont digérées dans mon chaudron. Je m'occupe tout autant des pensées et des émotions, car de ces énergies, je nourris l'âme.

Je mélange tout cela en une concoction dont provient l'énergie fondamentale de la vie. La qualité des ingrédients, l'intensité du feu intérieur et l'attention consciente, dans la manipulation de mon chaudron, déterminent la quantité d'énergie que j'en tirerai.

Surtout, les aliments naturels et les sentiments positifs permettent à mon chaudron de mijoter naturellement de joie. Si en plus, je reçois de la bienveillance, de la compassion et de l'empressement à l'action, mon feu peut flamber à plein. À partir d'ici, je suis en position de transformer en révélations toutes les influences problématiques, comme la voracité, les envies et les conflits.

Grâce à cette potion magique, les tendances périmées sont consumées par mes flammes, les fardeaux disparaissent comme de la fumée, et le profond besoin humain de reconnaissance renaît dans l'amour. Ainsi, je transforme la lourdeur et les inquiétudes en un sentiment de bien-être capable d'action.

Le foie

Je suis l'organe central du métabolisme du corps et de l'âme. Qu'il s'agisse de nutriments, d'émotions ou de pensées, à travers mon mode de fonctionnement, je m'approprie l'environnement pour nous.

Pour ce faire, je transforme la nourriture absorbée en carburants et en matériaux de construction, les modifie et, au besoin, les détoxifie. De même, j'examine les impulsions mentales et spirituelles, les situations et les rencontres concernant leur cohérence.

Concernant ma capacité d'élaborer des stratégies, je procure à l'être humain un stable sentiment de confiance en soi. Ainsi, je peux utiliser l'abondance de la vie, emmagasiner des énergies, et retirer des restes superflus du corps et de l'âme.

D'ailleurs, j'ai pour tâche de toujours fournir à la personne l'amplitude d'énergie optimale. Cela inclut notre force vitale liquide, le sang. Je suis particulièrement au service de cet élixir; je le garde à l'intérieur de ses frontières et j'entretiens sa circulation.

Grâce à toutes ces capacités, je donne à la personne un accès à ses pouvoirs d'autodétermination, afin qu'elle soit heureuse. En définitive, je suis l'autorité de la créativité riante qui canalise des voies du plus profond, afin que la vie et l'amour puissent réussir.

Les genoux

Nous formons le centre du passage des forces de la Terre dans le corps et, avec délectation, nous unissons tout l'être à la danse de la vie. Ainsi, nous garantissons une stable flexibilité dans le champ gravitationnel de la Terre, où nous fournissons ensuite un équilibre et une stabilité sécuritaires, même lorsque les fondations commencent à vaciller.

Grâce à notre résiliente élasticité, nous contrôlons les énergies montantes dans la colonne vertébrale, apportons de l'élégance à la posture du corps et mettons à tous les sujets l'accent sur l'application. Cela peut être tangible, particulièrement lorsque notre cartilage épiphysaire se ferme, ce qui signifie le passage à l'âge adulte.

Entre le fait de se pencher et de s'étirer, nous dévoilons la dignité de l'existence : en nous étirant, nous déroulons une prise de conscience de la vie et une perception de son importance, et en nous penchant, nous exprimons de toute notre force un dévouement affectueux envers l'univers. Grâce à ce rythme, nous gagnons notre place dans le tissu du monde, avec la ferme confiance que nous sommes égaux dans chaque rencontre.

La glande mammaire

Même si l'accouchement comme forme de maternité est réservé aux femmes, j'incarne aussi la sensibilité nourricière chez les hommes. Je suis la source de la sécurité, des soins et de l'appartenance, importante pour toutes les énergies nouvelles.

Qu'il s'agisse d'enfants nouveau-nés ou d'idées conçues à partir de l'univers, tous viennent au monde après un processus intérieur de maturation et, grâce à l'énergie de nidification féminine, tous ont besoin d'être doucement aidés pour traverser les obstacles de leur tendre phase initiale, jusqu'à ce qu'ils aient assez de force pour exister dans le monde.

Tous les débuts de vie engendrent l'enchantement du nouveau. Je nourris cette impulsion de tout mon amour et de toute ma bienveillance, pour qu'elle grandisse avec dévouement. Par conséquent, j'accompagne des développements et je rends les gens heureux, ce qui leur permet de connaître leur importance dans la vie. Je révèle que tout ce qui émerge est un instantané de la perfection. Ici devient visible la semence d'une conscience encore plus magnifique qui continue aussi après la naissance d'avoir besoin de ma bienveillance.

En définitive, je suis l'un des fondements essentiels de toute croissance et de toute évolution qui accompagnent un sentiment stable de confiance en soi.

La gorge

Pour parler la langue des anges ou chanter comme les rossignols — compagnes de la respiration, mes cordes vocales confèrent à l'humain l'expressivité des mots et le miracle sonore du chant.

Par conséquent, mes sons sont aussi variés que les humains qui les génèrent : roucoulement, claquement, gazouillis, chuintement, sifflement ou trille. Tout cela exprime la pensée et, encore davantage, les émotions.

Après avoir été formés, les sons reçoivent leurs aspects de base et sont ensuite exécutés dans les paysages sonores du volume et de la profondeur. Ainsi, ils atteignent le cœur des gens sous forme de langue ou de voix, et sur le plan intérieur, ils remplissent toutes les régions du corps et de l'âme.

Ainsi, ma structure reflète des sentiments de base qui déclenchent la compréhension à l'intérieur comme à l'extérieur.

« L'esprit est libre ! » est ma préoccupation. Dans l'amour profond, je le porte fortement à l'extérieur, afin qu'il atteigne l'être humain encore dans une réverbération multipliée mille fois. De plus, tant que ma posture est bien accordée, je peux clairement faire résonner mon propre appel pour inviter les amis et les amants, mais aussi utiliser ces forces élémentales comme défense contre les ennemis et les problèmes.

Le gros intestin

Ma tâche consiste à me concentrer sur l'essentiel. Cela comprend les aspects physiques, la gestion des émotions et, beaucoup plus largement, tout ce qui concerne les valeurs et la possession.

Grâce à ma force, je focalise les énergies, je condense toute la matière physique et je permets à des valeurs de base de rayonner pleinement. Que ce soit à la phase finale de la digestion ou dans les aspects moins visibles du domaine spirituel, je réduis à l'essentiel.

Cela s'applique aussi aux pensées, aux sentiments et aux impulsions énergétiques. Je décèle les éléments utiles à partir de ce qui est disponible et je relâche tout simplement le reste. Au rythme de la focalisation, de l'acceptation et du relâchement, je fournis une calme compétence, une richesse intérieure nourrie par la sécurité de l'abondance.

Par conséquent, j'accepte les changements de valeurs. Lorsque j'attache aujourd'hui une grande importance à quelque chose, je reconnais que demain, cela puisse être différemment important. Cette conscience alimente un entrain pour l'abondance de la vie, pour une volonté de goûter tout et d'être satisfait de ce qu'il y a de mieux.

La hanche

S'il est question de réaliser des buts ou des intentions, je suis le générateur qui rend disponibles les énergies à ces fins. Ainsi, le point médian entre mes côtés gauche et droit marque le centre intérieur de la personne, son centre de mobilité. À partir d'ici, je dirige la danse des muscles et des articulations, chaque vague de respiration décharge, et je lance les forces motrices nécessaires pour atteindre nos buts dans une polyvalente détermination. Quels que soient les obstacles, mon impulsion fondamentale est « Ça aussi, on peut le vaincre ! ».

Conjointement avec la structure du bassin, je forme l'arc de tension sexuelle. Ici, je fonctionne dans une fine vibration discrète, de même qu'avec de puissants mouvements du bassin comme ressort principal de l'évolution de l'homme.

Je suis le pilier de la station debout de l'humain, et la base de son équilibre intérieur. À cause de cela, les mouvements qui prennent naissance à mon centre ont un effet considérable. Non seulement nous permettent-ils d'atteindre une destination voulue, mais aussi ils favorisent les idées et les transportent comme des flambeaux dans le monde.

L'intestin grêle

Je suis le gardien de la grande trame que j'ai créée. Je recueille les éléments bénéfiques de la nourriture et guide les autres vers la sortie. Pour ce faire, j'ai dès le début de la vie d'une personne tissé autour des intestins une immense trame étroitement liée aux émotions. Depuis, les pensées et les notions déclenchent immédiatement une « réaction des tripes ». En plus, je garde et soutiens le système immunitaire.

Tout le monde connaît mon langage : un charmant gargouillis à l'abdomen témoigne d'une aisance. Par ailleurs, nous pouvons compter sur le fait que les conflits et les tensions s'accompagnent d'un sentiment de malaise.

Mes signaux du ventre signifient donc la sympathie autant que les dangers. Par conséquent, j'offre à l'individu des indices fiables quant aux questions essentielles : ce qui sert la vie et ce qui pourrait nous nuire. Ainsi, dans ma trame, j'accorde une attention particulière aux fils liés à l'affection, à la sécurité et à l'estime de soi.

En tissant ces fils ensemble, je réussis à transformer les aversions, les menaces et l'anxiété, et retire le reste de ma trame. Tout au long de ce processus qui dure toute la vie, je forme une personnalité stable, capable de jouir de la beauté et d'affronter les problèmes avec succès.

Les mains

Nous traitons les pensées et les sentiments comme s'ils étaient tangibles. Cela nous sert à allumer le feu des idées favorables à la vie. Nous pouvons sentir même les plus subtiles énergies à ce sujet, tout en abordant les choses d'une façon énergique.

Nous sommes les jongleuses qui servent d'intermédiaires entre l'esprit et la matière, et à travers nous, l'humain est lié aux éléments. Ainsi, notre tâche est de créer des faits à partir d'énergies spirituelles et de traduire ce qui a été créé dans le langage de l'esprit, ainsi que de diriger des énergies et de façonner le jeu de la vie dans les mondes matériel et spirituel.

Ce faisant, nous établissons une trame de relations entre tous les êtres vivants. Grâce à nous, la personne peut s'élever au-dessus de la matière, et par nous, elle y est intégrée.

Nous fournissons le soutien nécessaire à la vie, et par nous, la personne est également maintenue dans le monde. Sous notre autre aspect, nous agissons en ouvrant les mains. La générosité dégage ce qui est périmé et accepte ce qui est disponible ; ainsi, les mains ouvertes, nous apportons à toutes les relations une dignité profondément sentie. Dans une telle appréciation, nous pouvons servir d'outils d'amour pour la création d'un monde dans lequel les réalisations humaines continuent de croître à l'avantage de chacun.

Le nez

Gardien de l'odorat, je possède des talents qui dépassent de loin la capacité de sentir.

La distinction entre le comestible et l'incomestible n'est pas limitée à la nourriture, mais s'étend aussi aux gens que nous rencontrons et dont nous nous entourons. Ici, il devient évident que je suis un puissant mentor pour la vie, car j'attire l'attention vers des situations agréables ou dangereuses.

Cela s'applique d'une manière beaucoup plus raffinée et nettement plus profonde à la sexualité. Lorsque notre odeur se dégage avec la transpiration ou que, dans l'excitation, nous courtisons une femme ou un homme, mes antennes olfactives reconnaissent d'instinct ce qui nous convient profondément, vers qui nous sommes attirés sexuellement, qui nous laisse indifférents et ce que nous ne pouvons tout simplement pas supporter.

Ce sentiment fondamental de confiance dans mes perceptions est dirigé par ma mémoire d'odeurs associées aux émotions profondes. Ainsi, mes perceptions me permettent de désigner sans faille les occasions à saisir et les dangers à éviter.

Bref, je sens les moments où les aléas de la vie prennent un tournant vers la plénitude, en particulier lorsqu'ils mènent au plaisir, à la joie de vivre et au succès.

Les oreilles

Les atomes, les molécules, les planètes ou les galaxies : tout résonne, retentit, chante et vibre. Le monde est fait de sons, et nous sommes les portes qui donnent sur le grand orchestre de l'univers.

Ainsi, nous sommes particulièrement harmonisées aux rythmes de notre Terre. Nous y adaptons le corps et l'âme, et rythmons la vie d'une façon très personnelle, de façon à établir un bon équilibre entre le travail et la détente, pour aligner le loisir avec l'amour et pour permettre à la voix intérieure de révéler le but de la vie, la vocation.

Nous faisons partie du calme éternel qui s'installe lorsque l'être se permet d'être touché par la musique d'une prairie en fleurs. Nous sommes le parfait silence qui s'empare de l'individu au milieu d'une cascade tonitruante, et nous laissons entendre le son le plus intime de l'être, réveillé par l'alignement avec le son des mondes.

Nous entretenons l'équilibre intérieur entre l'appartenance à l'Unique et les impulsions très personnelles d'une personne à l'égard de son âme individuelle. À travers tout cela, nous pouvons offrir en cadeau à la personne la certitude qu'elle constitue une partie indispensable du tout, et que l'univers ne peut être complet que par notre engagement individuel avec tout notre amour.

Les organes reproducteurs de la femme :

l'utérus, les ovaires et le vagin

Au départ, nous nous manifestons très discrètement et nous transmettons des sensations qui parcourent tout le corps sous la forme de frissons langoureux. Tels sont les signes de la sexualité féminine, la puissance créative élémentaire de l'Éros, qui veut être éveillée à partir du cœur.

Cette tendre floraison, nous la nourrissons à la puberté avec une confiance de plus en plus grande dans le sentiment d'être femme, afin qu'elle puisse grandir, découvrir l'appétit dans ces impulsions de vie et ressentir le désir érotique.

Nos hormones construisent le corps en fonction de cela et ouvrent des portails vers l'océan de la féminité, où l'identité féminine est à l'aise avec ses rythmes uniques qui palpitent en accord avec les marées du monde.

Avec cette pulsation lunaire et féminine, nous sommes la force créative de la vie même qui suit un rythme clair : nous ouvrons la femme pour qu'elle agisse dans le monde, et en retour, nous régénérons les forces dans les eaux de la terre.

Dans cette autodétermination, nous pouvons promouvoir le plaisir de l'échange d'énergie sexuelle et refléter les forces élémentaires féminines cachées de l'homme.

Notre tâche consiste à exprimer le principe récepteur, à grandir avec le plaisir et à ouvrir la femme intérieure à un amour dévoué, aussi afin de donner naissance à une nouvelle vie dans la caverne au trésor de l'évolution.

Reconnaître un homme, cela veut dire une rencontre dans la profondeur de l'âme et dans l'union qui célèbre l'existence.

Les organes reproducteurs de l'homme :

le pénis, les testicules et la prostate

Lorsque nous réjouissons pour la première fois un garçon avec une agréable éjaculation, celui-ci est fort confus. Nous mêlons la sensation d'un désir inconnu qui combine une douce fusion intérieure avec un éveil profondément ressenti. Par cette expérience, nous ouvrons la voie à la croissance.

Nous sommes les gardiens de la sexualité masculine, la force créative de base de l'Éros, qui doit s'éveiller à partir du cœur. Grâce aux hormones mâles, nous ouvrons l'homme à la beauté du féminin.

Ainsi, nous développons en lui le besoin de donner sa semence à la vie, de faire bouger le monde et de déployer une créativité énergique. L'expansion du lingam, ce sceptre du désir, est un symbole qui permet à l'homme de connaître avec fascination l'expérience des profondeurs du féminin dans la conscience et de refléter la puissance élémentaire masculine de la femme.

Cela implique l'occasion de grandir dans un amour sexuel dévoué, et d'acquérir une saine confiance en soi dans laquelle l'insécurité peut être une forme de force.

Ainsi, reconnaître une femme veut dire permettre d'être touché au-delà du toucher, afin de rencontrer l'essence de la femme dans la profondeur de l'âme.

Le pancréas

De ma corne d'abondance se déverse le flot qui comble les désirs. Je satisfais les aspirations et fournis à tous les niveaux de l'humain des expériences nourrissantes, qui trouvent leur raison d'être dans l'engagement créatif et un sain développement de la force vitale.

Ma fonction de base est de fournir de l'énergie au corps et à l'âme. Physiquement, mes enzymes digestifs et mes hormones s'occupent de bien alimenter les cellules avec l'énergie des aliments.

Tout aussi importantes sont mes tâches dans le domaine de l'esprit et de l'âme. Gardien de la corne d'abondance, j'offre l'abondance de la vie. « Sois généreux », telle est ma devise, et je la proclame ici même.

Si je suis perçu ainsi, il y a toujours surabondance. Ensuite, je peux transformer les souhaits et les aspirations en gratitude et en énergie de fonctionnement, tout comme la richesse de ce monde est toujours à notre disposition.

Ainsi, à travers moi, des plaisirs trouvent leur point culminant, mais aussi se transforment en impulsions de l'âme. Suivre la voie de l'extase encourage d'inimaginables énergies à circuler pour ensuite trouver leur place dans la vie, en tant que révélations vécues.

La peau

Je suis le trésor de la sécurité, du confort et de l'appartenance, et je procure des expériences qui nous mettent directement en contact avec le centre. À l'extérieur se forme la chair de poule, les sentiments frissonnent, et parfois les vannes des larmes s'ouvrent même avec émotion.

Grâce à cela, je permets un échange vivant et des contacts essentiels à la relation entre l'intérieur et l'extérieur.

Au seuil du corps, nous, humains, recevons l'assurance que tout en lui nous appartient et que le monde extérieur est donc forcément autre chose. Ainsi, nous développons une conscience de soi, au sens le plus vrai du terme.

Au cours de la vie, je permets à l'être humain, au moyen d'expériences limites, de découvrir de plus en plus son être. Je transmets aussi l'observation que le soi ne se termine pas à la frontière du corps, mais qu'il comprend le champ entier de la présence énergétique.

Je protège la stabilité du champ physique et énergétique qui nous enveloppe. Je porte à la conscience les sens de la proximité et de la distance, et j'ouvre le champ énergétique aux amitiés et aux étreintes amoureuses.

Cela permet à l'individu d'augmenter de plus en plus le champ énergétique de sa présence et de percevoir des événements qui se déroulent bien à l'extérieur des sens connus. En définitive, cela comprend l'expérience de l'absence de frontières et du fait que toutes les limites n'existent qu'à l'intérieur de notre système de croyances.

Les pieds

Que nous soyons debout, en marche ou au pas de course, nos perceptions raffinées forment la base de notre contact avec la Terre. Non seulement maintenons-nous une posture droite dans le champ de gravitation terrestre, nous donnons aussi à la personne des racines dans le monde de l'âme. Nous lui procurons de la robustesse dans les orages de la vie, et de la stabilité à l'équilibre et au maintien.

En avançant, nous conquérons des espaces et laissons approcher le monde, tout en rapprochant le corps et l'âme de leurs buts.

Par conséquent, il peut parfois sembler que la légèreté de la vie nous fasse flotter, tandis qu'à d'autres moments, nous avons besoin de nos lumières d'orientation intérieures pour avancer sur des chemins viables.

La direction est bonne lorsque nous sentons le lien avec le grand système de racines spirituelles. Alors, notre vitesse correspond également au développement de l'âme.

L'esprit est très étonné par certaines de ces trajectoires ; ainsi, nous avons parfois l'impression que malgré tout notre progrès, nous sommes de retour à la case départ. Si toutefois nous regardons attentivement, nous reconnaîtrons qu'à travers les expériences acquises en cours de route, nous avons amélioré notre contact avec les racines de la vie et qu'en définitive, nous avons toujours été à la ligne d'arrivée, car chaque pas comprend déjà le fait d'arriver.

Les poumons

Du premier cri au dernier souffle, mes puissantes ailes épousent le rythme de la vie. Ma force porte plusieurs noms : *prâna*, souffle ou *chi*. Ce sont des expressions du courant d'énergie vitale qui monte de l'être intérieur.

Ce flux d'énergie se disperse en une forme sans fin à travers le corps et l'âme, pour recommencer à la respiration suivante, après s'être réuni à sa source. Au faîte de ces mouvements, nous relions l'intérieur au monde extérieur. C'est alors que nous révélons le mystère de l'existence à l'entrée et à la sortie, donnons vie à la pulsation de l'univers et, d'une nouvelle impulsion, continuons de favoriser l'oscillation entre l'autoconservation et l'abandon de soi.

Au cours de ce cycle, nous sommes à l'aise avec tous les éléments. Comme le feu, notre respiration peut allumer toute vie sur un plan spirituel ; les eaux de notre âme peuvent mener aux pures et insondables profondeurs des émotions ; notre caverne terrestre donne un sentiment de sécurité ; et nos ailes enjouées s'élèvent pour effectuer un survol clair.

Dans l'équilibre attentif du cœur et de la raison, nos forces trouvent leur expression dans la parole. Cela permet à nos énergies d'être dirigées partout, y compris vers les organes, bien que ceux-ci nous aient déjà connus de toute façon, car depuis le début des temps, ils ont oscillé langoureusement dans le rythme de nos ailes.

La rate

Souvent, on me juge, on me néglige ou on me craint, même si je représente l'affirmation de l'indépendance du corps et de l'âme. Les ancêtres m'ont même attribué la signification d'un soleil intérieur qui accorde les rayons de la conscience à chaque cellule individuelle.

Toutes ces tâches, je les accomplis dans la clarté mentale. En mettant de l'ordre dans les cellules sanguines vieilles et usées, je garantis la productivité du sang et de l'individu. De plus, je forme les unités de défense d'élite dans mon école d'élite, le système immunitaire.

Ces aspects physiques sont les plus connus, bien que je représente aussi la clarté sur le plan de l'âme. Au seuil de la personnalité, je garde l'accès aux étapes du développement.

Pendant la phase bébé, en passant par la dépendance à l'expression émotionnelle de l'enfance, je gère les courants d'émotions qui exigent l'entrée à ce palier.

Le prochain seuil est atteint au début de l'activité de l'esprit. Ici, je suis le gardien qui arrête les pensées potentiellement accablantes.

Au troisième seuil, celui de la puberté, je me trouve à la transition vers l'âge adulte. Ici, j'écarte les influences extérieures pour permettre la structuration positive d'une personnalité indépendante, tout en maintenant le respect de soi. À ce stade, je suis particulièrement chargé de permettre la mort des concepts de la génération précédente, afin que l'humain dans sa renaissance continuelle puisse s'adapter à l'évolution de l'âme du monde.

Les reins

Vivifiants, nous sommes la source de stabilité d'une âme fort vivante, née de l'eau et de la lumière. En concentrant la lumière de la conscience, nous éclairons l'essence du libre arbitre et permettons aux rivières de l'âme de couler avec une clarté émotionnelle.

« Fais ce que tu voudras », telle est notre devise. Cela implique de faire ce que la vie commande à partir de son centre, c'est-à-dire d'intervenir dans les besoins de la vie à partir d'un « non-agir » actif et de transformer les obstacles de la vie par la compassion affectueuse, en se tournant vers eux.

Comme l'eau vive, nous pouvons pour cela augmenter l'énergie, à tous les niveaux, jusqu'à ce que l'amour s'instaure sous sa forme la plus pure. Pour ces tâches, nous sommes liés à l'océan des ancêtres. Leurs courants de pensées et d'émotions, rassemblés depuis le début des temps, contiennent le sentiment de confiance fondamentale et les inspirations de l'univers. Avec ces profonds aspects inconscients de l'âme, nous ouvrons les portes et garantissons le choix de la meilleure option possible — tout en sachant que cela peut changer l'instant d'après.

Le sang

Je suis le Graal de l'énergie vitale, et l'élixir liquide qui y circule. En pulsation continuelle, ma force vitale rouge circule à travers le méandre quasi infini du corps. De la fontaine de mon être, je réapprovisionne sans cesse un delta des vaisseaux les plus fins jusqu'aux confins de l'existence, afin d'approvisionner l'univers intérieur et extérieur d'énergie et de chaleur.

Le reflux sanguin, je l'utilise pour emporter tous les déchets qui, transformés, deviendront la force qui nous fournit l'élixir de la vie. Ainsi, je complète le cycle éternel de l'être.

Glaciale ou cuisante, mon essence reflète parfaitement les sentiments qui meuvent le sang des profondeurs d'un être humain. En vertu de la dynamique de ces émotions, je suis le mouvement même qui suit le courant de la vie, qui se consume avec fougue et se renouvelle sans cesse.

Là où je suis se trouvent la vie dans toute son abondance, la fontaine de la joie fluide, l'amour sous toutes ses formes énergétiques, la guérison et le salut dans le courant de l'existence.

Le thymus

Les Grecs de l'Antiquité m'ont nommé « *thymos* », l'âme du souffle, le souffle de vie.

Ils avaient bien raison, car de mon emplacement, juste sous le sternum, je protège le portail énergétique du cœur et les courants d'énergie intérieurs. Les thèmes que je donne à l'être humain s'appellent la vitalité et la saine autodétermination.

Je soutiens la formation d'un bon système immunitaire. Ainsi, je défends le corps et l'âme contre les influences étrangères, et je protège l'unicité de chaque être humain.

Sur le plan physique, ce sont surtout les virus, les bactéries et les cellules cancéreuses dénaturées qui menacent la vie, mais je protège aussi l'humain sur le plan de l'âme, contre les énergies nocives provenant du stress, de la colère, de l'envie ou de la haine.

Ma compétence en résolution de problèmes me permet, sur une base régulière, même sous la pression, de susciter un sourire ; de mon essence même, je dégage la confiance.

Ainsi, je stabilise les boucliers protecteurs qui gardent les couches énergétiques de l'aura. Tout au long de la vie, grâce à la puissance de « je suis », l'identité qui émane d'ici, je fournis la base de la santé par l'épanouissement et l'honnêteté.

La thyroïde

Lorsque mes ailes d'hormones frôlent les tissus du corps de leur feu doux, les cellules sont stimulées et activées. Ainsi, je soutiens la transformation de la nourriture en énergie et en potentiels de l'esprit et de l'âme.

Ce métabolisme allume une véritable volée d'étincelles dans le corps et l'esprit, qui activent la créativité, approfondissent les sensations émotionnelles et alimentent le feu de la sexualité. Avec le pouvoir de mon oiseau de feu, j'apporte la transformation à chaque expérience.

Surtout lorsque l'humain devient passionnément engagé dans quelque chose, des formations émergent qui permettent une croissance intérieure et s'épanouissent graduellement. Cela peut devenir une brûlure, et les cendres engendrent du neuf, qui dépasse de loin ce qu'on avait atteint.

Si je suis respectée ainsi, je peux servir d'oiseau de feu, parfois en flammes ou, tout autant, en train de calmement apprécier ce qui a été atteint. Pour cela, il me faut un espace de déploiement grand et ludique pour les émotions, et une compréhension affectueuse qui maîtrise mon feu. Je me sens à mon meilleur lorsque la pensée et le sentiment sont en accord avec les impulsions du feu intérieur.

Ainsi, les gens atteignent un équilibre harmonieux entre une bonne tension de base et un lâcher-prise langoureux. C'est la garantie d'une vie épanouie.

Le tissu conjonctif

Depuis des millions d'années, les rivières de la vie pulsent jusque dans mon océan. Ici, je fournis une base aux cellules, je les nourris, je m'occupe de leur espace et je les protège. Baignant dans la lumière des cellules, je leur offre une clarté fluide qui élève la communication et l'harmonie. Ainsi, je prends effet dans un amour qui, en appréciation et en engagement, ramène encore et encore à l'avant-plan la joie de la vie, et contrebalance les malheurs.

L'une de mes caractéristiques les plus exquises est l'adaptabilité quasi illimitée avec laquelle je suis capable de tout transformer, modifier ou remodeler. Cela devient particulièrement apparent en cas de traumatismes physiques ou psychologiques, lorsque des blessures ont besoin d'être fermées pour former des cicatrices et par la suite les dissoudre.

En définitive, je m'efforce de devenir de plus en plus diaphane et de circuler librement avec le courant des expériences. Pour cela, j'ai besoin d'une « nourriture vivante » qui alimente vraiment le corps et l'âme à l'état naturel : c'est un bienfait pour la personne, et cela reconnaît ma nature. Par conséquent, je réussis à transformer des limites en capacités et à faire remarquer que tout ce qui vit ne peut persister que dans des relations d'intégrité.

La vésicule biliaire

La bile que j'emmagasine et que je libère correspond exactement à mon être : en tant que représentante de la guidance intérieure, je résous les situations et mène à une pureté sous-jacente. Tout comme mon essence sépare le pur de l'impur au cours du processus de la digestion, j'apporte de la lumière aux émotions, aux schémas de pensée et aux comportements.

À travers cela, un effort linéaire prend de l'élan : au-delà de la dualité, il mène à la clarté et permet un raisonnement judicieux, même en présence d'influences croisées. Surtout, je suis perçue comme une confiance primordiale qui baigne dans la lumière de la compassion. Ainsi, ma sage humilité garantit des décisions circonspectes qui suivent un clair objectif de vie.

Dans une courageuse confiance en soi, je peux ainsi dissoudre même les blocages créés par des pensées. Ma présence spirituelle dans l'immobilité est pénétrée d'une profonde passion et d'un amour pour la vie. Cela me permet de créer une joyeuse extase qui répand des débordements spontanés de joie de vivre et peut même guérir de la haine.

La vessie

« Capitale de la frontière » : c'est ainsi que les Chinois me surnomment depuis l'Antiquité, car c'est par moi que circulent les énergies défensives. C'est là qu'elles sont à la disposition du corps et de l'âme, afin de les protéger des influences nocives.

De plus, je gère les fonctions énergétiques à la frontière de notre être, où je peux, avec détermination, contenir ou libérer les courants des couches énergétiques. Les gens en ressentent surtout un courant de chaleur que j'envoie dans tout le corps, des pieds à la tête.

Dans mon lien sur le plan de l'âme, je stabilise par ce courant les défenses de l'être. À partir de là grandit une confiance dans les puissances du respect de soi, dans la capacité d'entretenir une bonne tension de base et, à travers tout cela, de préserver une douceur affectueuse.

Le lâcher-prise appartient à mon être, ainsi que la force de tout le courant intérieur. La clarté de l'observation qui apparaît grâce à ces qualités ouvre les verrous de la compassion, réveille les puissances des mouvements de l'esprit et favorise la consécration à la gratitude pour l'éveil de l'âme.

Les yeux

Nous laissons entrer le monde visible et guidons les sentiments par le regard vers l'extérieur. Nous permettons à l'étincelle lumineuse de l'univers de danser dans nos yeux et d'illuminer le monde de l'esprit avec la lueur des émotions.

Avec l'arc-en-ciel des couleurs, nous formons un espace pour les images qui se remplissent de pensées et de significations infinies. Les passions, les peurs et les joies coulent à travers ces « panoramas d'images », germent, gonflent et disparaissent. Les aventures, les expériences et les aspirations complètent tout cela pour former des images intérieures à partir desquelles, à chaque instant, nous façonnons un monde nouveau en comblant ses lacunes apparentes.

La plupart du temps, nous montrons le connu. Cependant, aux instants où les gens s'ouvrent à nos yeux créatifs, ils rencontrent le présent sous toutes ses facettes. Alors, ces regards manifestent un profond contentement, et acquiescent au fait que le monde est complet en soi et que l'inspirante beauté est omniprésente.

Compatissants, le cœur ouvert, nous procurons par notre lumière intérieure d'heureux moments d'amour dans lesquels nous inspirons le beau aux gens et aux choses — et réveillons une vision de beauté qui nous révèle la cohérence de la vie.

Principes essentiels

L'essence des choses est cachée dans l'Invisible.

Héraclite[11]

Principes de base : stable, mais intangible

Dans le cadre de leur compréhension de la vie, toutes les cultures décrivent un champ énergétique qui dépasse notre champ physiquement tangible. On l'a diversement appelé « éther », « *prâna* », « *chi* » et « souffle ». Dans ce domaine, l'essence des organes est présente et attend notre attention.

Notre contribution à ce sujet dans ce livre a été d'invoquer ces bribes d'information du champ éthérique et de les rendre accessibles sous forme d'écriture et d'illustrations. Ainsi, nous avons pu revivre à maintes reprises de quelle façon fonctionnent les élémentaux des organes.

Lorsque des amis et des clients ont pris contact avec les images et les textes, ils nous ont dit qu'ils ressentaient un picotement dans leur corps ; qu'ils étaient parcourus par des vagues d'émotions ; qu'ils étaient aux prises avec des réactions émotionnelles spontanées ; qu'ils faisaient des rêves inhabituels ou vivaient de merveilleux moments de synchronicité. Nous avons également remarqué des changements lorsque nous nous mettions en phase : les traits de leurs visages se détendaient, leur corps se redressait et bougeait d'une façon plus alignée et plus fluide, ou leur regard devenait plus clair et ils parlaient d'une voix plus ferme. Nous sommes de plus en plus assurés que les élémentaux ont un effet profond. Les tests kinésiologiques ont confirmé ces découvertes ; ainsi, une autre pièce du casse-tête s'est mise en place.

> *Nous savons qu'à l'extérieur de nous, il n'existe ni couleurs, ni sons, mais uniquement des vibrations. C'est notre cerveau qui construit un certain monde à partir d'elles*[12].

La médecine traditionnelle chinoise (MTC) établit des liens entre des aspects des organes et des émotions, des couleurs, des sons et même des rêves[13]. Les organes seraient également rattachés aux saisons et entrelacés à l'ordre cosmique. Ici, aux frontières de notre imagination, commencent les niveaux d'éther des élémentaux ; ils échappent à la pensée rationnelle, car leurs dimensions trop complexes nous échappent. Comme nous l'avons mentionné, la sagesse des mystiques éternels correspond aux preuves des physiciens atomiques modernes.

Comme l'a dit Lao-tseu dans le *Daodejing* : « Le Tao dont on peut parler n'est pas le Tao éternel[14]. »

Tout aussi paradoxale est cette phrase de Fritjof Capra : « Cela fluctue, même si, au fond, aucun objet ne bouge : il y a de l'activité, même si personne n'agit ; il n'y a pas de danseur, il n'y a qu'une danse[15]. »

Nous pouvons aussi ajouter cette citation de Hans-Peter Dürr :

Au fond, il n'y a pas de matière. Du moins, pas au sens habituel. Il n'y a qu'un réseau de relations, un changement constant, une vitalité. Nous trouvons cela difficile à imaginer. Essentiellement, il n'y a que des corrélations, des relations sans base matérielle. Nous pouvons aussi l'appeler « esprit ». Quelque chose que nous ne pouvons que ressentir spontanément, sans pouvoir le saisir. La matière et l'énergie n'apparaissent qu'incidemment — en tant qu'esprit solidifié, coagulé, pour ainsi dire[16].

L'émergence de la réalité

Le fait que nous ne puissions comprendre l'ensemble de la réalité dans toute son ampleur est lié au fonctionnement de notre cerveau, car c'est là qu'est généré le monde que nous appelons notre réalité. Comme la réalité entière de notre monde ne correspond pas à notre perception, nous choisissons à même l'ensemble des perceptions sensorielles celles dont nous avons besoin pour notre survie. Ce n'est qu'une quantité infinitésimale de toute l'information[17] qui atteint nos organes sensoriels ; la différence, nous l'écartons. Le reste de l'information, nous le modifions et l'ajoutons dans notre cerveau à nos sentiments et à nos pensées, pour composer une image d'ensemble qui nous paraît cohérente.

Le langage est l'habillement de nos pensées[18].

Ainsi, nous formons une carte de notre réalité. Cette construction de notre réalité est aussi la base du langage que nous utilisons pour véhiculer notre vision du monde aux autres.

Par contre, nous devrions toujours être conscients du fait que le langage ne permet de décrire qu'une carte de la réalité[19].

Ainsi, il est facilement compréhensible que le langage de notre esprit linéaire soit insuffisant pour décrire les élémentaux, qui vivent dans le champ éthérique, au-delà de notre imagination. Si malgré cela, nous utilisons le langage pour véhiculer l'essence des organes, c'est en étant conscients du fait que deux personnes liront le même texte de deux façons différentes et qu'il y a autant de façons de faire l'expérience du monde des élémentaux qu'il y a d'humains.

Il en va de même, bien sûr, pour les illustrations. Ici aussi, chacun de nous découvrira quelque chose de différent. En plus de sentir le monde intérieur de nos organes et les interprétations de nos perceptions, les élémentaux indiquent deux autres portes par lesquelles nous pouvons les atteindre. L'une d'elles nous guide par notre intuition ou nos idées, et l'autre se présente à nous par l'expérience directe.

Les idées et les prémonitions sont très délicates et généralement peu claires. Nous ne pouvons ni les saisir ni les relier à quoi que ce soit. Aussi incongru que semble ce point de vue, il est évidemment naturel lorsqu'on examine notre perception du monde. Des deux parties du cerveau, c'est surtout la gauche qui alimente notre pensée logique, avec sa capacité de rassembler des détails à une vitesse étonnante. La partie droite est alors chargée de rassembler cette richesse d'information individuelle pour en former un ensemble plus grand. Ici, nous pouvons détecter des configurations, et accéder à nos idées et à notre intuition.

Nous connaissons tous des situations au cours desquelles nous avons vu quelque chose et où même si nous ne pouvions pas dire tout de suite ce que c'était, nous avions l'impression de le savoir, en fait, à partir de quelque part. Pour nos ancêtres du néanderthalien, c'était, dans le pire des cas, un ours de caverne affamé ou, dans le meilleur des cas, les silhouettes des chasseurs s'en retournant. L'ours, de même que les membres de la tribu, évoquait immédiatement une richesse d'émotions et de liens par la pensée, même avant que leur apparition et leur identité deviennent claires.

Ce genre de perception, nous en faisons particulièrement l'expérience inconsciemment dans le sommeil, ou consciemment en profonde méditation. Nous voyons ou entendons quelque chose de fantomatique, de nébuleux, sans savoir exactement de quoi il s'agit. Dès que nous activons le mental, nous pouvons l'identifier à du connu : notre cerveau remplace alors l'idée par quelque chose de familier. Ainsi, une expérience mystique se transforme en racine d'arbre, en petite bouffée de brume, en groupe de plantes taillées d'une façon inhabituelle ou en collection de pierres. Mais si nous gardons l'idée en suspens, sans activer le mental, elle acquiert une signification beaucoup plus grande et plus englobante que ce que nous pouvons nommer.

Dans le cadre de la perception des idées, nous recevons une concentration si incroyable d'information que nous n'avons pas les mots pour le dire. Par les idées, nous prêtons nos sens aux élémentaux des organes et nous nous ouvrons à leur aide. Nous ressentons alors la plénitude ou une profonde compréhension, nous voyons comment y parvenir et faire en sorte qu'elle se réalise dans notre vie.

Cet état est habituellement lié à une profonde expérience du bonheur. Lors d'une expérience directe des élémentaux des organes, les mots nous manquent. De tels moments sont si chargés que notre pensée s'arrête. Alors, une inconcevable corne d'abondance d'information se déverse dans notre conscience, et nous partageons la merveille d'un organe. Puis, nous nous trouvons soudainement et abruptement à l'intérieur d'une cellule qui révèle son fonctionnement profond. Nous devenons conscients de ses structures moléculaires et atomiques, tout en vivant l'histoire qu'elle porte, et recevons des images d'une indescriptible intemporalité de l'être.

Au cours de ces instants, nous sommes en prise avec l'existence, nous sommes la cellule et l'observateur, et nous savons que l'univers est complet en soi. À partir de là, tout sera différent, même si en surface, tout semble continuer comme avant.

Les symboles font ressortir notre nature originale[20].

Nos canaux d'accès aux élémentaux

Dans les idées et les prémonitions, ainsi que dans les moments où nous faisons l'expérience directe des élémentaux des organes, nous avons besoin de canaux différents. Cela comprend des images, des mots et des sons qui touchent l'âme. Notre âme traite une multitude d'informations sous la forme de l'image pure que nous voyons ou du seul son que nous entendons.

« L'éclat bleuâtre d'une fine tasse de porcelaine ramène des souvenirs d'enfance. Je sais que je peux prendre la tasse et y verser du thé. Si elle tombe sur le plancher, elle va se briser. » Cet exemple de Christof Koch[21] illustre l'importance des symboles dans la vie quotidienne. Mais les symboles vont beaucoup plus loin.

Dans ses écrits sur les archétypes, Carl Gustav Jung les présente comme des images universelles qui sont inscrites dans l'âme humaine. Elles représentent des principes fondamentaux de notre âme : par exemple, la fée-marraine, la méchante sorcière, le héros ou l'enfant intérieur.

De façon assez explicite, Moore et Gillette ont comparé le mécanisme de fonctionnement des archétypes à de la limaille de fer répandue sur une feuille de papier sous laquelle on déplace un aimant[22]. Le mouvement de la limaille qui nous est visible correspond à nos mouvements visibles de l'âme, tandis que l'aimant est le fonctionnement intérieur et archétypal des forces de notre âme qui dirigent notre personnalité dans l'ombre.

Dans les symboles, la réalité est condensée jusqu'à l'essentiel. Ainsi, nous pouvons nous reconnaître en eux comme dans un miroir et faire la paix avec notre nature. Pour cela, nous remplissons le symbole dans notre conscience avec la vie, des éléments de notre passé, des fantasmes, des sensations et des sentiments de tous les niveaux de l'être. Par conséquent, nous nourrissons le symbole jusqu'à ce qu'il revête une présence intérieure.

Les descriptions des essences d'organes sont des formes symboliques de poésie que nous recueillons du champ éthérique. L'aspect le plus important, ici, se trouve dans ce que nous lisons entre les lignes et ce que nous cachons derrière l'image. Souvent, nous ne pouvons le saisir immédiatement, et c'est même parfois irritant, car des dimensions spatio-temporelles différentes se coagulent en un seul point de perception.

Si toutefois nous nous ouvrons à cela, la synchronicité et les révélations se rassemblent pour former un tout cohérent. Elles mènent à une profonde relation avec la vie et, en définitive, à une expérience complète de la « plénitude ». Lorsque nous nous engageons auprès des élémentaux des organes, nous avons l'impression que notre corps est un merveilleux concert dans lequel les organes créent avec la plus haute virtuosité le miracle sonore de notre corps. C'est la symphonie qui nous soutient tout au long de la vie.

> *Le monde voit un signe de santé dans le fait de n'avoir jamais entendu la voix de Dieu et de ses anges*[23].

Nous sommes une idée de l'âme

Tout cela devient possible grâce à la nature des élémentaux qui, en tant qu'idées originelles de l'âme des organes, sont à l'aise dans la toile de fond de l'existence, où circulent l'information et les énergies de la vie. À travers elles, nous obtenons une appréciation différente de notre corps, dans un meilleur unisson du corps et de l'âme, ce qui rend inappropriées des façons de vivre devenues inutiles.

Il importe encore davantage ici de dépasser les tendances habituelles et d'envisager notre existence d'un point de vue plus élevé. En tant qu'êtres humains, nous sommes avant tout une idée de l'âme, un champ spirituel qui se remplit d'énergies, de matière et de fonctions, selon les besoins et les caractéristiques de notre plan de vie individuel.

Autrement dit, l'âme a créé un corps à partir de l'essence divine de notre être, pour que nous puissions avoir des expériences sur Terre sous cette forme humaine. Les organes sont donc les piliers des fonctions vitales qui garantissent notre existence sur notre planète.

Cela ne se limite pas seulement aux processus biochimiques du corps. Tout aussi importants pour notre survie sont les complexes fonctionnels des organes. Ainsi, les reins sont chargés non seulement de l'équilibre harmonieux de l'eau dans le corps, mais aussi de l'équilibre de l'âme, pour ce qui est de la persévérance, de la volonté et de la confiance. En plus de son rôle dans la digestion, l'estomac prend soin de l'équanimité dans les domaines de la gestion de conflits, ainsi que du feu intérieur qui transforme les désirs en observation.

Ce lien devient très évident dans l'exemple de la rate. En médecine conventionnelle, on ne tient compte de la rate que lorsqu'il faut l'enlever, tandis que dans la médecine traditionnelle chinoise (MTC) et dans la naturopathie traditionnelle européenne (NTE), on lui accorde des fonctions énergétiques extrêmement importantes. En MTC, l'énergie de la rate est responsable du stockage et de la distribution des énergies en circulation, de la conservation de l'énergie constructrice et de la capacité de penser, de réfléchir et de chanter.

Dans la NTE, nos ancêtres reconnaissaient également les tâches énergétiques de la rate et lui accordaient la capacité de chasser les énergies stressantes au cours des processus de transformation de notre nourriture dans le corps. Ainsi, la rate chasse aussi la mélancolie. D'ailleurs, cet état mental et émotionnel de découragement, Baudelaire l'appelle « *spleen* », le mot anglais qui correspond à la rate.

Au moyen de ces actions énergétiques, nos organes servent de champs de compensation physiques, de façon à ce que nous puissions intercepter les exigences excessives vis-à-vis de l'âme et bien les traiter. Afin de mieux supporter la tension, par exemple, nous augmentons notre tonus musculaire. Notre nature change selon que nous sommes heureux ou tristes, et lorsque nous ne pouvons venir à bout des conflits de l'âme, nos organes sont affectés par un malaise physique. Ce potentiel de compensation nous a été révélé par la médecine psychosomatique.

De même, des gens très sensibles ressentent des conflits dans leur entourage, sous forme d'inconfort physique ou de douleur. Souvent, ils peuvent même résoudre le problème au moyen d'un traitement intérieur de ces conflits.

Nous avons également appris ce phénomène des chamans de diverses cultures, passées et présentes. Pour guérir les maladies de leurs patients, ils se livrent à un voyage chamanique intérieur et résolvent les problèmes en question sur le plan de l'âme. Le fait que nous soyons tous interreliés dans un incroyable réseau de liens spirituels devrait être évident : il suffit de considérer l'exemple d'un psychologue, le Dr Hew Len, dans la clinique d'une prison à Hawaii. Il a guéri tous les patients en appliquant sur lui-même un profond travail de guérison hawaiien appelé Ho'oponopono. Il lui a suffi d'étudier les dossiers de contrevenants atteints d'une maladie mentale et présentant un risque élevé. Il faut préciser que le Dr Len n'a jamais rencontré personnellement un seul de ces détenus[24].

> *Si une rose est une rose, c'est seulement parce que l'humain la perçoit comme telle ; sans l'humain, ce ne serait qu'une structure de vortex énergétiques*[25].

Qu'est-ce qui est réel ?

Afin de nous accorder à notre monde, nous avons, grâce à notre capacité de parole, formé des concepts abstraits. C'est ainsi que nous avons nommé les choses. À partir de là, nous avons également conceptualisé nos activités. À bien y penser, nous avons ainsi « figé » des processus et transformé en une « chose » statique ce qui est naturellement et continuellement fluide.

Par exemple, une chose que nous expliquons est devenue une « explication » ; notre façon de voyager en autobus, un « voyage » ; ou ce que nous pensons, une « pensée ». Mais par contraste avec les planches, les pierres, les tables ou les chaises que nous pouvons toucher, les explications, les voyages et les pensées sont intangibles. Cela s'applique également aux états comme la joie, le bonheur ou la peine, que nous pouvons éprouver, en effet, mais qui sont aussi intangibles.

Malheureusement, nous avons tendu l'arc encore davantage et avons également étiqueté « la vie », « l'amour », notre « moi », ou même notre « âme » ou « Dieu », comme si tout cela était tangible, sans voir que ces perceptions dépassent notre pensée et, en fait, ne peuvent absolument pas être abordées ni comprises mentalement[26].

La physique quantique a ajouté une dimension supplémentaire, puisque nous avons dû reconnaître que la physique mécanique classique a atteint sa limite en ce qui concerne le vivant.

Mais nous pouvons toucher notre corps ! Oui, et sur un certain plan, il est fort tangible. Mais si nous regardons plus attentivement, nous sommes confrontés au mystère de la vie. Les neurosciences ne peuvent pas encore nous dire comment ni où nous gardons nos souvenirs[27].

Notre cerveau est peut-être un grand processeur qui utilise une collection d'informations située dans le champ éthérique[28]. La science tient vraiment pour acquis que nous reconstruisons nos souvenirs à chaque instant[29], et même pour des fonctions apparemment claires comme celles de nos cellules, nous avons en définitive de simples modèles explicatifs, qui sont continuellement remplacés par de nouvelles révélations.

Tous ces mystères quasi insolubles s'éclairent, lorsque nous nous considérons comme une conscience. Cela nous permet de comprendre que les élémentaux des organes représentent la conscience collective du champ éthérique, qui est à notre disposition pour la création des formes et des fonctions des organes.

Comme le progrès médical nous a encouragés à considérer le corps comme un objet, il n'est pas étonnant que notre langage, en ce qui concerne les organes, n'ait plus rien à voir avec nous en tant qu'êtres spirituels. Notre langage médical est vraiment devenu dépourvu d'âme, et pas seulement à cause de toutes ces expressions latines et grecques. De même, nos médecins professionnels travaillent à réparer des organes « défectueux », ou parfois à les changer.

Les modalités de guérison traditionnelles perçoivent tout cela assez différemment. Elles considèrent la maladie comme une expression d'un déséquilibre de processus psychologiques, énergétiques et physiques. Elles comprennent que ce ne sont pas seulement les symptômes qu'il faut traiter, mais aussi les questions sous-jacentes, mentales et spirituelles. Autrement, les problèmes vont tout simplement réapparaître sous une forme différente et à un endroit différent.

Ainsi, l'approche naturelle de la guérison consiste à encourager la personne à redécouvrir son équilibre intérieur. Par contraste, notre médecine conventionnelle voit des ennemis partout : des bactéries, des virus, du pollen nocif ou un milieu sinistre qu'il faut combattre.

Parfois, on ne voit pas très clairement vers qui ou vers quoi les batailles sont dirigées, et avec cette approche, très souvent, c'est le corps que nous essayons de guérir qui est perdant. Sans vouloir contredire la médecine moderne, disons que la vie fonctionne différemment. Ainsi, Gadamer[30] avait raison : le corps est mesurable dans ses fonctions, mais le cadre est ajusté.

À ce stade de l'histoire humaine, alors que nous avons pris un virage radical vers la pensée mécaniste, les aspects spirituels de la vie reviennent en force. Dans leurs portraits essentiels, les élémentaux reflètent l'harmonie parfaite de nos organes et la nôtre. Par conséquent, chacun de ces êtres se présente dans son affirmation essentielle avec le message « Je fais partie de toi, avec mon organe ! ».

À travers notre conscience, les élémentaux attirent l'attention vers ces caractéristiques de base de l'esprit dans notre corps et nous indiquent comment réaliser notre potentiel dans la vie à travers notre forme d'expression très personnelle. Pour cela, les élémentaux, avec leurs organes, sont des cadeaux de la vie même, et nous aident à redécouvrir l'harmonie dans notre corps et à devenir entiers.

Même lorsqu'un organe doit être enlevé, l'élémental correspondant n'est aucunement chassé du corps de la personne. La forme d'un organe se modèle toujours sur une fonction, qui elle-même se modèle sur une idée.

Dans leurs portraits essentiels, les élémentaux reflètent l'harmonie parfaite de nos organes et la nôtre.

Cela s'observe très bien dans l'interrelation des muscles et des os : lorsqu'on entraîne un muscle par l'exercice, il s'ancre plus fortement dans l'os, qui devient plus ferme à ce stade particulier, afin de fournir au muscle une meilleure prise.

Notre santé est fortement basée sur de telles capacités compensatoires, où des os peuvent se compacter, où des zones du cerveau peuvent entreprendre des fonctions différentes après une attaque et où après l'ablation de la rate, le foie peut assumer la plupart des tâches de celle-ci. Ces compensations se produisent grâce aux élémentaux, qui font partie avant tout des idées et des fonctions, puis du tissu de leur organe physique.

En définitive, les élémentaux organisent notre survie — de l'intégration à d'autres systèmes à la réorganisation de tout le corps, y compris la repousse d'organes excisés.

En réalité, la guérison complète et l'éveil spirituel ne font qu'un[31].

Le thème récurrent de la guérison

Lorsque nous parlons de nous rapprocher des élémentaux des organes, ce n'est pas tout à fait exact, car du fait de vivre, nous en sommes déjà inséparables. En définitive, nous devons nous rappeler que les courants d'énergie et d'information de notre conscience spirituelle comprennent également le corps, et que nous formons une unité de l'âme et du corps.

Cette connaissance est toujours à notre disposition. Que nous soyons en train de travailler, de manger, d'aimer ou de dormir, notre conscience seule nous ouvre à la puissance des élémentaux.

Au cours des siècles, les sages, les guérisseurs et les chamans nous ont fourni des moyens d'accès à cette conscience. Un thème récurrent de la guérison parcourt toutes les cultures et les méthodes, que nous ayons affaire à une chirurgie à cœur ouvert, à une ordonnance d'herboriste ou à une séance de reiki.

Trois composantes ouvrent les voies à notre croissance spirituelle personnelle, et nous y retrouvons les fondements de tous les traitements de guérison[32].

- Dans notre espace de silence spirituel ou intérieur, où le bavardage inconscient du mental se tait, nous pouvons écouter sans préjugé notre voix intérieure. À travers elle, nous recevons les impulsions essentielles qui informent nos actions.
- Dans ce corps, nous avons la chance de faire l'expérience de notre raison d'être intérieure. Cela implique un Oui à la vie et la volonté d'accomplir nos tâches avec enthousiasme.
- Dans notre caractère unique, nous faisons partie de l'univers qui ne serait pas complet sans nous. Ce mystère de la vie au-delà du mental, nous ne pouvons en faire l'expérience que par l'amour et le dévouement.

La vie n'est pas un problème à résoudre, mais une expérience à vivre[33].

Nous parvenons à un lieu de tranquillité intérieure

Il nous suffit de parcourir les portraits d'élémentaux pour sentir se suspendre le flux habituel de notre pensée et s'ouvrir notre perception aux profondeurs de notre être. Ainsi, à l'occasion, nos idées nous permettent d'entendre plus distinctement notre voix intérieure. Sous quelle forme appliquons-nous ces indications ? C'est une autre question.

Même si nous ne mettons pas immédiatement en pratique ce que nous avons reçu, cette écoute intérieure nous apaise. Notre âme est intemporelle, voilà pourquoi elle a infiniment plus de patience que notre mental. Il suffit de regarder et de nous ouvrir à des idées pour qu'une brèche se produise dans notre « bavardage intérieur ». Ainsi s'ouvre un espace intérieur de silence dans lequel nous recevons l'information la plus importante pour notre vie.

C'est un espace que nous pouvons invoquer au cours d'une méditation ; il peut s'ouvrir à nous dans le tourbillon d'activités d'un marché en plein air, ou dans la transition entre le sommeil et la veille. Il peut nous être accessible pendant des jours et des semaines, ou une fraction de seconde peut nous suffire pour capter la connaissance essentielle de notre être intérieur.

Il peut nous suggérer un sujet qui changera le cours d'une réunion, il peut influencer des décisions quant à notre relation, ou modifier notre liste d'épicerie. Certaines personnes laissent errer leurs pensées vers un espace qu'elles connaissent depuis l'enfance, d'autres trouvent l'accès à leur espace intérieur dans la vastitude du ciel bleu ou à la pointe du crayon qu'ils tiennent.

Lorsque ce lieu est atteint, le monde extérieur semble se fondre à l'arrière-plan. Nous ressentons alors un calme, la réalité devient très clairement perceptible et nous détectons sans préjugés notre voix intérieure. Ainsi, les élémentaux nous mettent en présence de l'Ici et Maintenant, où nous sommes en contact avec l'essence de la vie.

En même temps, cette reprise de contact rend plus perméable l'harmonisation de l'âme, du corps et de la personnalité. Même si la voix intérieure des élémentaux peut être fort incommodante, elle peut soulever des choses que nous trouvons difficiles, et nous renvoie toujours des aspects de notre vie qui nous font avancer sur le plan de l'âme. Par conséquent, il devient plus facile de déplacer des obstacles et de laisser grandir notre joie de vivre. En définitive, cela ouvre la voie à la santé et à la guérison.

L'existence est délicieuse — il suffit d'avoir le courage de vivre sa vie[34]*.*

Une décision pour la vie

Vivre notre créativité dans l'autodétermination peut être l'une des tâches les plus difficiles qui soient. Il faut d'abord écarter un malentendu : cela ne veut pas dire nous contenter de « nous mêler de nos affaires », sans considération envers les autres. C'est davantage un service d'amour à notre communauté, en accord avec nous-mêmes. Cela implique une intention bienveillante et une attention consciente et affectueuse, envers nous-mêmes ainsi qu'envers les autres.

Toutefois, s'il se produit quelque chose d'injuste ou d'hostile envers la vie, des paroles claires et fermes sont nécessaires, et elles ne seront pas nécessairement bien reçues par tout le monde. Néanmoins, les clés d'une saine autodétermination dans la vie restent les mêmes : l'amour, la sincérité et les relations. Dans ce mode de vie, nous sommes de plus en plus amenés à accorder plus d'espace à un Oui à la vie. Dans cette forme d'amour, nous nous élevons au-dessus du familier, et les trois clés mentionnées plus haut nous aident à accueillir le mystère de la vie.

Nous constatons un véritable bonheur chez les gens qui vivent une telle relation intérieure, qui a une si belle influence sur notre santé spirituelle et physique. Lorsque nous sommes en accord avec nous-mêmes, nos mouvements deviennent plus fluides, les processus intérieurs de notre chimie corporelle peuvent mieux fonctionner, et notre conscience acquiert de la clarté. Cela s'appelle « être dans son corps », et c'est ainsi que les élémentaux des organes nous soutiennent. De plus, ils nous aident à gérer les crises, à transmettre de saines impulsions concernant les maladies qui nous menacent, et reflètent leur parfait amour dans notre être. Par-dessus tout, ils nous montrent que la vie nous soutient et que les préoccupations quotidiennes, comme le rendement professionnel, par exemple, ne sont pas les plus importantes. De plus, les élémentaux des organes nous invitent à célébrer toute notre existence dans la participation active et l'enthousiasme. Ainsi, nous pouvons accomplir la tâche de notre vie avec joie et créativité.

Vivre notre créativité dans l'autodétermination peut être l'une des tâches les plus difficiles qui soient.

Cinquante ans de réflexion intense ne m'ont pas rapproché de la réponse à la question « Que sont les quanta de lumière[35] ? ».

Nous sommes uniques, même si nous ne le comprenons pas

Lorsque nous nous débattons avec la vie, nous accédons tôt ou tard aux plans fondamentaux de notre être. Ces niveaux ne peuvent être appréhendés par le mental ; nous ne pouvons les connaître que dans leurs mystères. En réfléchissant aux racines spirituelles de notre existence, les guérisseurs et les sages ont toujours vu que nous faisons partie du divin et que l'univers ne sera complet que grâce à notre contribution personnelle.

Cependant, nous semblons atteindre nos limites, lorsque nous essayons de comprendre la nature humaine. Ainsi, Max Planck concluait, en abordant cette question par la physique quantique : « La science ne peut résoudre les dernières énigmes de la nature. Car nous faisons nous-mêmes partie de la nature et, par conséquent, nous faisons partie de l'énigme que nous cherchons à résoudre[36]. »

Max Planck et une longue lignée de physiciens ont bouleversé notre vision du monde lorsqu'ils se sont mis à envisager la nature de la matière sous un jour nouveau. Longtemps, on a considéré la matière comme étant ferme et stable, mais nous devons plutôt y voir, selon ces scientifiques, des agrégats de champs de fréquences. Nous pouvons toujours casser une vitre en y lançant une pierre ; cependant, sur le plan des particules atomiques, la pierre, le carreau ainsi que la personne qui a lancé la pierre consistent — dans un pourcentage incroyablement élevé — en espace vide dans lequel les énergies circulent.

Et si nous considérons ce un milliardième de matière apparemment solide, le noyau de l'atome — ce qu'il reste, en définitive —, ce ne sont que des potentiels énergétiques, des fréquences et des résonances, une observation pour laquelle Carlo Rubbia a reçu le prix Nobel en 1984.

Mais cette vérité était décrite il y a 5 000 ans par les sages indiens, qui disaient « *nada brahma* » : « le monde est son ». Cet ancien principe de la spiritualité indienne signifie que tout dans l'univers est fondé sur des vibrations, que le monde est un immense concert dans lequel nous sommes tous un instrument : une symphonie dans laquelle se joue la grande conscience, l'Unique.

Par nature, la conscience est vide. Elle comprend et retient néanmoins toutes choses[37].

Depuis le début du XXe siècle, les fréquences et les résonances ont provoqué une révolution scientifique en biologie de même qu'en physique. La recherche en biologie moléculaire s'était jusqu'alors concentrée sur les substances, les prétendus faits, mais au cours des années 1970, l'étude des biophotons a ouvert un nouveau chapitre dans l'étude des sciences de la vie[38].

Grâce à cette recherche innovatrice, nous pouvons maintenant faire la lumière sur la calibration intérieure de nos fonctions vitales, et il devient évident que les organes ne sont pas de simples agrégats de cellules qui fonctionnent plus ou moins au hasard. Ce sont plutôt des structures hautement organisées, dans lesquelles les cellules communiquent au moyen d'une lumière semblable à celle d'un laser, à l'intérieur d'un champ électromagnétique. Cette communication par la lumière est l'un des ponts qui mènent à la conscience.

Des physiciens ont conclu, à l'examen de particules subatomiques, que nous devons accorder une forme de conscience aux structures les plus infimes de la matière. Cette découverte nous permet enfin de considérer l'univers comme un énorme champ de conscience dans lequel nous sommes intégrés.

Bien entendu, chaque organe est présent dans ce champ ; un organe est une conscience reliée au tout.

La neuroscience entretient une notion de la conscience qui diffère de celle de la psychologie des profondeurs, et la physique quantique en a à son tour une conception entièrement différente. Selon les observations de la physique quantique, les deux électrons qui composent le plus simple des atomes, celui de l'hydrogène, se connaissent mutuellement. Un bon ami et biophysicien m'a fourni une jolie explication à cela au cours d'un divertissant trajet en voiture : lorsqu'un groupe de soldats en marche doit, pour une raison quelconque, s'éparpiller à gauche et à droite dans les buissons, ses membres sont tout de même conscients les uns des autres et se perçoivent tout de même en tant qu'unité, malgré la dispersion physique. Cette forme de conscience se poursuit au-delà des atomes : au-delà des molécules, des organismes cellulaires, des organes et des humains, jusqu'à nous qui vivons tous ensemble sur notre planète — et même au-delà —, nous sommes intégrés dans tout l'univers.

C'est l'imprévisibilité qui distingue l'être animé des robots. C'est ce qui rend la vie unique et particulière, même si à l'occasion, elle est également difficile[39].

Les organes constituent une conscience d'amour condensé

Le professeur Popp peut démontrer que la perfection des êtres animés est rendue possible par les champs de fréquences électromagnétiques des biophotons. Ainsi, chaque atome ou chaque cellule est attiré vers une position exacte dans le champ holographique, et y est ancré. Ces calibrations précises de notre organisme sont possibles en nous au moyen de champs intelligents de biophotons de l'ordre le plus élevé.

Seule une conscience, c'est-à-dire une connaissance cognitive de soi-même, peut réguler des fonctions vitales dans lesquelles 10 millions de cellules corporelles sont remplacées chaque seconde. En outre, chaque organe sait exactement à quel moment il a suffisamment de cellules et connaît la forme générale que ces cellules sont censées construire. Mais comment le sait-il ? La médecine conventionnelle nous doit encore une réponse à ces questions essentielles.

Nous sommes profondément liés à tout. Il suffit de voir notre sang et d'autres liquides corporels; ils sont composés de minéraux et d'oligo-éléments, dans la même proportion que l'eau de mer de nos océans[40]. Nous voyons tout aussi clairement notre affiliation à l'univers dans les vibrations par lesquelles nous sommes enchevêtrés dans le système biologique de notre Terre; notre corps vibre à une résonance de base de 7 à 13 Hz. La même fréquence, appelée « résonance Schumann », se trouve dans nos ondes cérébrales lorsque nous sommes détendus. La croûte terrestre et l'ionosphère pulsent à cette même fréquence[41].

Ainsi, nous sommes en interaction optimale avec le champ de conscience de la Terre — et avec toute l'existence. Des orbites des deux électrons de l'atome d'hydrogène[42] aux êtres humains, les calibrations sont devenues de plus en plus complexes et étendues. Chaque étape évolutionnaire a pu combiner en elle-même des conditions plus englobantes et plus complexes, comme l'a démontré F. A. Popp[43]. À ce stade, la science actuelle retrouve les paradoxes des mystiques du passé : à tout moment, le monde est parfait, et en même temps, il s'efforce toujours d'atteindre une perfection encore plus grande.

Si nous allons plus loin à la recherche des sources de la matière, nous découvrons tôt ou tard que toute l'existence est basée non pas sur la matière, mais sur un principe spirituel. C'est vrai pour la vitre autant que pour la pierre, pour notre « je suis » ou notre identité autant que pour notre corps avec ses organes et ses cellules. Ces principes spirituels relient tout dans sa force créative; ils dépassent les cellules, les molécules, les champs électromagnétiques, et même l'espace et le temps. C'est une forme d'intelligence qui nous habite, une conscience d'amour.

À partir de cette source, les élémentaux des organes sont énergisés, eux aussi. Grâce à eux, les vibrations universelles de notre corps peuvent former des organes dotés de multiples fonctions physiques et spirituelles. Ainsi, nos organes sont de l'amour condensé.

La première gorgée de la tasse de la science crée des athées;
mais au fond de la tasse, Dieu attend[44].

Le sujet des organes et de leurs élémentaux concerne inévitablement, et fréquemment, différents modes de guérison. Évitons les malentendus : même lorsque nous prenons soin des organes, cela ne nous épargnera pas, à l'occasion, la maladie. Au cours de notre « participation volontaire au maelstrom de la vie[45] », nous avons parfois besoin d'indications et de soutien pour retrouver notre sagesse intérieure.

La différence par rapport au traitement de la maladie en médecine conventionnelle, c'est qu'il s'agit d'avoir une relation d'amour avec les organes et leurs élémentaux, et de leur demander comment redécouvrir leur calibration optimale avec les champs de conscience du corps et de l'univers. Ainsi, guérir n'est pas un processus passif, ni restreint à un seul plan humain. C'est une voie sur laquelle nous appuyons notre corps mentalement, spirituellement, énergétiquement, par la naturopathie et la médecine conventionnelle. Il s'agit aussi de se tourner vers l'intérieur et de s'ouvrir à l'intelligence d'amour de notre corps.

Ainsi, les élémentaux peuvent déployer leurs magnifiques capacités, détachés des contradictions de l'esprit et des contraintes que nous nous sommes imposées. Inviter dans notre vie les élémentaux des organes ne rend pas la médecine redondante ; cela la rend tout simplement plus humaine et accorde une nouvelle dignité à tous ceux qui sont concernés.

Je ne vous offre que des paroles, et non des conseils. Je ne parlerais pas avec autant d'audace, si quelqu'un devait me suivre[46].

Notes

1 Christian Morgenstern (1871-1914).

2 GADAMER, Hans-Georg (1900-2002). *The Enigma of Health: The Art of Healing in a Scientific Age*, Palo Alto, Californie, Stanford University Press, 1996.

3 DÜRCKHEIM, Karlfried Graf (1896-1988). *L'homme et sa double origine*, Albin Michel, 1996.

4 SILESIUS, Angelus (1624-1677). *Le Pèlerin chérubinique*, Éditions du Cerf, Albin Michel, 1994.

5 Les archétypes sont décrits dans la troisième partie, « Éléments fondamentaux », à la fin du livre.

6 Catharina Regina von Greiffenberg (1633-1694).

7 Thérèse d'Ávila (1515-1582).

8 KLIEGEL, E. *Reflexzonen — Landkarten der Gesundheit*, CD-ROM, 2009.

9 VON BINGEN, Hildegard (1098-1179). *Physika* — tiré de GIENGER, M., *Die Heilsteine der Hildegard von Bingen*, Sarrebruck, Neue Erde, 2004.

10 GIENGER, Michael. *Le massage aux pierres fines*, Trédaniel, 2011.

11 Héraclite (ca. 520-460 av. J.-C.).

12 JÄGER, Willigis. *Die Welle ist das Meer, Mystische Spiritualität*, 24e édition, Fribourg, Herder, 2011.

13 Ce traité médical de référence en Chine est attribué au légendaire Empereur Jaune Huang Di, qui, dit-on, aurait vécu en 2700 av. J.-C. Le *Nei Ching* a été écrit durant la période des Royaumes combattants (221 av. J.-C.-220 apr. J.-C.).

14 Le *Daodejing* est attribué au légendaire Lao-tseu (Vieux Maître) au VIe s. av. J.-C.

15 CAPRA, F. *Le Temps du changement*, Éd. du Rocher, 1994.

16 DÜRR, H.-P. « Am Anfang war der Quantengeist », inverview, *P.M. Magazin*, (mai 2007).

17 HUBEL, D. H. « Auge und Gehirn, Neurobiologie des Sehens », *Spektrum*, Heidelberg, 1988.

18 Samuel Johnson (1709-1784).

19 D'après Alfred Korzybski (1879-1950).

20 JUNG, C. G. (1875-1961). *L'homme et ses symboles*, Robert Laffont, 2002.

21 KOCH, C. *Bewußtsein — ein neurologisches Rätsel*, Munich, Elsevier, 2005.

22 MOORE, R. et D. GILLETTE. *King, Warrior, Magician, Lover: Rediscovering the Archetypes of the Mature Masculine*, New York, Harper Collins, 1991.

23 Sri Aurobindo (1872-1950).

24 STARKMUTH, J. *Fragen und Antworten zur Realität*, supplément à *The Making of Reality*, Bonn, Starkmuth Publishing, 2011.

25 E. H. Shattuk, cité dans Starkmuth, *ibid.*

26 STARKMUTH, J. *The Making of Reality*, 10e édition, Bonn, Starkmuth Publishing, 2009.

27 STARKMUTH, J., *ibid.*

28 BISCHOF, M. *Biophotonen, Das Licht in unseren Zellen*, Francfort, Zweitausendeins, 1995.

29 KORTRE, J. *White Gloves: How We Create Ourselves Through Memory*, New York, W. W. Norton & Company Inc., 1996.

30 GADAMER, H.-G. *The Enigma of Health: The Art of Healing in a Scientific Age*, Stanford University Press, 1996.

31 Tarthang Tulku (lama tibétain).

32 Cette liste est tirée principalement de CARLSON, R., SHIELD, B. *Healers on Healing*, particulièrement Richard Moss et Shakti Gawain, New York, Jeremy P. Tarcher, 1992.

33 Bouddha (Siddhartha Gautama, ca. 563-483 av. J.-C.).

34 Peter Rosegger (1843-1918).

35 Albert Einstein (1879-1955).

36 Max Planck (1858-1947).

37 Tilopa (988-1069) — *Le Mahamudra du Gange.*

38 POPP, F. A. *Biophotonen — neue Horizonte in der Medizin : von den Grundlagen zur Biophotonik*, Stuttgart, MVS, 2006.

39 POPP, F. A. *Die Botschaft der Nahrung. Unsere Lebensmittel in neuer Sicht*, Francfort, Zweitausendeins, 2011.

40 LIPTON, H. B. *La Biologie des croyances*, Ariane, 2006.

41 BISCHOF, M. *Biophotonen, Das Licht in unseren Zellen*, Francfort, Zweitausendeins, 1995.

42 L'hydrogène se retrouve presque toujours sous la forme d'un double atome H_2.

43 POPP, F. A. *Biophotonen — neue Horizonte in der Medizin : von den Grundlagen zur Biophotonik,* Stuttgart, MVS, 2006.

44 Paracelse (1493-1541).

45 OSBORN, M. et S. LONGLAND. *Rune Games*, London, Penguin Books, 1988.

46 Érasme de Rotterdam (1465-1536).

Et un remerciement spécial à Lynne McTaggart pour ses recherches étonnantes dans son livre *Le champ de la cohérence universelle*, Ariane, 2008.

Les auteurs

EWALD KLIEGEL (né en 1957) — L'engagement d'Ewald envers les gens a commencé par deux emplois en 1976 : l'un dans un hôpital urologique, l'autre dans une école pour enfants ayant des difficultés d'apprentissage. Depuis lors, la guérison et l'enseignement ont constitué un fil conducteur dans sa vie. Ses formations médicales de massothérapeute et de naturopathe ont tracé la voie à sa perspective holistique sur le corps et l'âme. Depuis 1989, il enseigne dans des écoles de naturopathie, et donne ses propres séminaires en Allemagne et à l'étranger.

Avec ses cartes *Reflexzonen : Landkarten der Gesundheit* (*Réflexologie : les cartes de la santé*), publiées en 1992, il a trouvé un vocabulaire formel et cohérent pour décrire plus de 30 systèmes de réflexologie. Depuis 1996, il se sert de baguettes de cristal en tant qu'outils énergétiques de réflexologie et d'acupression. Vers 1999, Ewald a commencé la recherche pour le livre *Reflexzonen und Organsprache* (*La réflexologie et le langage des organes*), publié en 2008. Les organes n'y sont plus décrits comme étant des supports de maladies, mais sous forme d'histoires divertissantes, en tant qu'images archétypales de l'âme qui influent sur notre être intérieur. Ewald suit ensuite les organes dans les fondements métaphysiques de notre être, où ils apparaissent à la lumière de

EWALD KLIEGEL

leur essence et de leur idée de la création. Ce livre a été magnifiquement illustré par Anne Heng.

Dans des séminaires de son programme Reflex-Balance, Ewald Kliegel enseigne la réflexologie et les traitements par les cristaux pour la thérapie et le mieux-être professionnel. Il offre aussi des présentations, des événements et des séminaires dans lesquels il ouvre de l'espace aux aspects psychologiques et spirituels des organes, où la conscience de soi, l'attention consciente et l'approche méditative aident à construire un champ de guérison pour une relation plus profonde avec les organes. Ces événements se prêtent à l'amélioration de la conscience corporelle, ainsi qu'au service de la santé de l'esprit et de l'âme.

Contact :

Ewald Kliegel,
Rotenbergstr. 154,
70190 Stuttgart,
Allemagne

info@reflex-balance.eu
www.reflex-balance.eu

ANNE HENG

ANNE HENG (née en 1953) — Anne a étudié l'art et le design, et passe joyeusement son temps à travailler en tant que peintre, illustratrice et formatrice à la conscience. Sa technique particulière de peinture sur soie lui permet d'entremêler harmonieusement des aspects fluides et concrets, le rêve et la réalité, l'intuition et la technique. Depuis 1986, elle a travaillé en tant qu'artiste pigiste pour de nombreuses expositions en Allemagne et à l'étranger, et en tant qu'illustratrice pour divers éditeurs.

Par son travail, elle souhaite toucher le cœur des gens et les ouvrir à la beauté discrète et paisible de la nature. Anne habite avec son mari, son fils et plusieurs chats dans une vieille école à Weilburg, en Allemagne. Dans sa contribution aux idées et à la vision d'Ewald Kliegel, Anne a dépeint les organes sous forme de symboles forts, avec une vitalité intense et unique. Les images montrent la personnalité des organes et parlent directement à l'âme par leur amour, leur gentillesse et leur force. De plus, elles vous permettent de renouveler votre rapport aux organes et vous facilitent l'accès à ce qui se produit dans votre corps.

Le dessin est ma méditation, l'exploration des mondes spirituels est ma passion. Si les deux se rassemblent, cela me procure une joie pure.

Contact :

Anne Heng,
Schulbergstr. 9,
35781 Weilburg,
Allemagne

MiAnHeng@aol.com
www.anne-heng.de

AdA
éditions

www.ada-inc.com
info@ada-inc.com

www.facebook.com/EditionsAdA

www.twitter.com/EditionsAdA